クオン
人文・社会シリーズ

12

『パラサイト 半地下の家族』を見る7つの視線

アジアの美探検隊 [著]

廣岡孝弥 [訳]

CUON

クオン
人文・社会シリーズ

12

『パラサイト 半地下の家族』を見る7つの視線

アジアの美探検隊 [著]

廣岡孝弥 [訳]

CUON

『パラサイト 半地下の家族』を見る
７つの視線

アジアの美探検隊 著

廣岡孝弥 訳

目次

凡例
本文中の（　）内は原注、〔　〕内は訳注を表す。

映画概要

　ポン・ジュノ監督の映画作品『パラサイト 半地下の家族（原題：기생충<ruby>寄生蟲<rt>キ センチュン</rt></ruby>）』は、2019 年に韓国で公開された。第 72 回カンヌ国際映画祭で韓国作品として初のパルムドール（最高賞）を獲得し、第 92 回アカデミー賞では非英語作品として初となる作品賞ほか 4 部門で受賞を果たした。半地下で暮らす貧しいギテク一家は、ひょんなことから家庭教師・家政婦・運転手として裕福なパク社長一家の豪邸に「寄生」し始める。家主の留守中にギテク一家が豪邸を満喫していたところへ、追い出した前任の家政婦が訪ねてくることで波乱が巻き起こる。貧富の格差への痛烈な風刺を含んだ作品で、ポン・ジュノ監督の作家性やディテールへのこだわりが強く反映されている。以下、登場人物を紹介する。

ギテク一家（半地下で暮らす全員失業中の家族）

ギテク　貧しい一家の父親。駐車係の仕事をしていた経験を生かし、パク社長の運転手として働くようになる。台湾カステラの事業で失敗した過去を持つ。

ギウ　大学受験で浪人中の長男。友人のミニョクに紹介されてパク社長一家の娘の家庭教師を引き継ぎ、ギテク一家が豪邸での職を得るきっかけを作る。

ギジョン　ギウの妹。美大志望の浪人生でパソコンのスキルに長け、ギウが家庭教師になるための在学証明書を偽造する。機転を利かせて物事を動かす力がある。

チュンスク　ギテクの妻。家事の能力を生かし、パク社長一家の家政婦として働くようになる。元ハンマー投げの選手で、当時獲得したメダルが半地下の家に飾られている。

パク社長一家（豪邸で暮らす裕福な家族と使用人）

（パク・）ドンイク　IT 企業を経営する成功者で、一家の長。温和に見えるが、言葉や振る舞いの端々に差別的な要素が見え隠れする。

ヨンギョ　パク社長夫人。前任者の紹介で面接に来たギウを娘の家庭教師と

して雇う。おかしな発音の英語を織り交ぜて話し、どこか抜けた印象を
与える。

ダヘ　高校生の娘。両親が自分より弟を大事にすることに不満を募らせてお
り、家庭教師に好意を抱きがちな傾向がある。

ダソン　幼い息子。ダヘの弟。絵が得意で、ネイティブアメリカンの衣裳を
好む独自のこだわりを持つが、ダヘからは「芸術家のコスプレ」と見な
されている。

ムングァン　パク社長一家の入居以前から住み込みで働く家政婦。料理が得
意で社長夫妻から高く評価されていたが、ギテク一家によって追い出さ
れる。

グンセ　ムングァンの夫で、豪邸の地下室で生活している。教養があり、ギ
テクと同じように台湾カステラの事業で失敗した過去を持つ。

その他

ミニョク　ギウの友人で、名門大学の学生。留学に際してダヘの家庭教師を
ギウに引き継ぐ。幸運を招く「寿石」をギテク一家に持ち込む。

執筆　廣岡孝弥

プロローグ
カン・テウン

アジアの美と
映画『パラサイト』

「アジアの美探検隊」は、これまでに３か所の「奥地」を訪ねてきた。美しさを発見する行為をわざわざ奥地探検に喩えるのは、それだけ先人がまだ足を踏み入れていない領域だからだ。西洋とは異なるアジアの美は間違いなく存在するが、その何たるかを説明するのは容易ではない。アジアという地域の境界線をどう引くかに関してもさまざまな議論がある上に、美しさを定義するのも至難の業だ。アジアと美しさを同時に探ろうとするなら、その難易度は否応なしに倍増する。それゆえ、ここに集った研究者たちは、アジアの美を複数の論考で定義づけるよりは、その奥深い世界に足を踏み入れてみることにした。

　最初の題材は「水」だった。水は生命の根源であり、思想の海である。アジア人の伝統的な宇宙観が込められた陰陽五行説はもちろん、山水画や建築空間、それに農耕文化といった日常の中にも水は浸透している。その水を通じてアジアの美に思惟を巡らせた結果

は、『水とアジアの美』（ミニマム出版社、2017年）という書籍として実を結んだ。次なる探検の対象は「人間」だった。人間は美を味わい体験する主体でありながら、美によって装飾される対象でもある。人間の美しさは肉体や精神に現れることもあれば、愛のような他者との関係に現れることもある。『美しい人間』（西海文集、2018年）は、人間の美しさを儒・仏・仙といったアジア的な思惟方式の中に求め、映画や美術などの芸術、孤独や修練といった行為にも見出した。3度目の探検は、アジアを抜け出して西洋へと向かった。アジアを1つの地域単位で括ることに関しては、内部からの要求よりも外部からの視線のほうが先んじていた。その外部からの視線を通じて発見されてきたアジアの美しさとは何なのかを、『外から見たアジア、美』（西海文集、2020年）で掘り下げてみた。

　4度目の探検にあたる本書の研究対象は、ポン・ジュノ監督の映画『パラサイト』だ。これまでは研究者ごとにそれぞれ別の対象を扱ってきたが、今回は『パラサイト』という1つの作品を美術史・建築美学・人類学・映画学・文学といったさまざまなアプローチで分析することを試みた。それが可能なのは、映画が「第7の芸術」あるいは「総合芸術」と呼ばれるためだ。100年以上前の1911年、リチョット・カニュードは音楽・舞踊・詩をリズム芸術、絵画・彫刻・建築を造形芸術に分類した。リズム芸術には演奏したり吟じたりする時間の概念が含まれ、造形芸術には空間の概念が含まれる。映画は、時空間の概念で分類された既存の6つの芸術を総合するという意味で「第7の芸術」と命名された。本書の議論も視覚的な側面に偏らず、絵画・建築そして音楽に至るまで、映画の持つ表現力を最大限に活かして縦横無尽に展開することになる。

　フランスのリュミエール兄弟が1895年にパリのとあるカフェで最初に公開した映画は、アメリカへ渡ってハリウッドの名の下に大

規模な産業化を遂げる。言語を介さない無声映画は国境や民族を超越するメディアとして将来を嘱望され、プロレタリア階級間の連帯を目指したソ連で数多くの映像実験を経て理論が構築された。そうした映画メディアの歴史の中で、日本以外のアジア映画には「第3の」「オルタナティブな」という形容がつきものだった。しかし、21世紀を境にアジア映画は勢力を急速に拡大させている。現在、アジアの映画産業は北米やヨーロッパを凌駕する規模を誇る。2019年の映画館の興行収入だけを見ても、首位のアメリカと2位の中国の規模が近く、3位は日本、4位を韓国が占めている。そこへ6位のインドまで含めると、全世界の映画産業の中心はアジアだと言ってもよいだろう。製作本数で見てもインドが首位であり、その後に中国、アメリカ、日本、韓国と続く。[1] 人口規模を考慮すれば、韓国の映画産業の発展は破格である。そのことは、韓国人1人当たりの年間映画鑑賞回数が世界最高だという事実が証明している。[2]

『パラサイト』は2019年、国内で1000万人以上の観客を動員し、各種国際映画祭での受賞によって韓国の最新文化を代表する作品となった。映画は共同制作の芸術であり、大部分の映画には少なくとも数十名、多いものでは数百から数千名が関わる。しかしながら、完成した映画に対する評価は監督ひとりに集約されるのだ。そこに映画のミステリアスな魅力がある。これは監督によって演出スタイルが異なるためで、まさに映画が作家主義の研究対象となった所以でもある。本書に収録されている文章は、それぞれポン・ジュノ監督を作家主義に立脚して論じている。そのため、『パラサイト』以前に彼が作った作品も議論の対象に含まれる。

『パラサイト』に見られる演出スタイルだけでなく、ポン・ジュノ監督個人が体現する象徴性もまた強力だ。よく知られているよう

に、彼の母方の祖父は韓国から国境を越えて北朝鮮へ渡った小説家パク・テウォンであり、父は「大韓ニュース」で有名な国立映画製作所で働いていた〔「大韓ニュース」は映画館用の政府広報フィルムで、全国の劇場で上映が義務付けられていた〕。ポン・ジュノは大学卒業後、全斗煥〈チョンドゥファン〉政権によって設立された韓国映画アカデミーに入学する。その後、韓国のハリウッドと呼ばれる忠武路〈チュンムロ〉で助監督修行中に監督としてデビューした。彼の作品は批評家から高く評価され、興行的にも大成功を収めた。『グエムル』(2006) では1300万人の観客を動員し、当時の韓国映画の最高興行成績を打ち立てた。また、彼は全世界の映画界が持つ既成概念を破壊する役割も担っている。『オクジャ』(2017) ではオンラインストリーミングサービス企業Netflix の投資を受け、オンラインと併行して劇場でも同時公開を試みた。ところが、Netflix を競合相手と見なした映画館サイドの猛反発に遭い、主要な劇場では上映できなかった。そして、一部の国際映画祭はオンライン上映作品であることを理由に選定を渋ることもあった。しかし、新型コロナウイルス感染流行の時代に入って映画館や国際映画祭は Netflix を敵対視していられなくなった。論争のきっかけとなった『オクジャ』は映画史に大きな足跡を残し、『パラサイト』はカンヌ国際映画祭でパルムドール、アカデミー賞では4部門を受賞する快挙を成し遂げた。英語以外の字幕つき映画として初めてアカデミー作品賞を受賞した記録は、後世まで語り継がれるだろう。ポン・ジュノは、2021年のヴェネツィア国際映画祭で韓国人初となる審査委員長に就任した。その歩みは今後も韓国、アジアはもちろん全世界の映画界を変えていくことだろう。

しかし、『パラサイト』というタイトルからわかる通り、この映画は韓国の美しい風景を集めた観光プロモーション映像ではない。むしろ韓国社会が抱える問題点を果敢にも剥き出しにしてみせる。

それでもこの作品を通じてアジアの美しさを論ずる理由は何だろうか？　それは、骨組みが剥き出しになったポンピドゥー・センターが美しい建築物と見なされるのと同じように、『パラサイト』もやはり表面的な描写を超えた奥深く多層的な美しさを見出すメカニズムとして活用できるからだ。芸術は、必ずしも美しさのみを表現するものではない。歴史を振り返れば、多くの芸術家が嫌悪感を誘い眉を顰めさせるような作品や、正視するに耐えない作品を作ってきた。『パラサイト』にもそうした内容やシーンが明らかに含まれている。アリストテレスが述べたように、嫌悪感を催すとしても実際に模倣あるいは再現されたときの快感が創作の根源であり、作品を楽しむ者の快楽となる。⁽³⁾芸術において、醜さをさらけ出すことは即物的な嫌悪感を伝える意味にとどまらず、再現を通じた美的行為にも繋がり得る。醜さを晒すことで美しさに対する私たちの感覚を喚起し、また美しさそのものを引き立たせることもできるのだ。すなわち、芸術の中で醜さをさらけ出す行為は、私たちが喜劇だけでなく悲劇も楽しみ、善のみならず悪をも物語ることに繋がる。本書では、『パラサイト』から即物的に見て取れるイメージよりも、再現の過程を通じて明らかになる作家の意図を読み解くよう努める。

　まず、ヤン・セウクによる「チャパグリの映画美学」は『パラサイト』に登場するさまざまな食べ物に注目し、それが象徴するものと食べる行為を社会文化の観点から見つめ直す。映画の美学（미학）を食べ物の「味学」で解明しようというわけだ。この論考は、韓国語の「맛（味）」と「멋（趣、味わい）」が語源を共にし、中国やインドでは美的体験が味覚に喩えられてきたことを挙げ、美学と味学の関連性をより強固なものにする。その認識に基づいて、『パラサイト』の中心に常にあるのが食べる行為であり、キッチンの空間であることを想起させる。そして、この映画に出てくる食べ物は、

ディテールの付加だけではなくストーリー展開においても古代ギリシア悲劇の「デウス・エクス・マキナ（deus ex machina）」すなわち「機械仕掛けの神」のように劇的な転換を支え、あるいはプルーストの小説でひと口の紅茶とマドレーヌが語りに変化をもたらす「プルースト効果」のようにプロットの要となる仕掛けの役割を果たすことを教えてくれる。とりわけ、『パラサイト』がインスタント食品のチャパゲティとノグリを混ぜた「チャパグリ」に韓牛のサーロインをのせて全世界の人々の注目を集めたように。ポン・ジュノ監督の母方の父であるパク・テウォンも自身の作品『聖誕祭』で韓国小説史上初めてチャジャン麺を扱ったことを想起させ、この論考は映画と食べ物に関する議論をいっそう興味深く展開する。

　チェ・キョンウォンの「無秩序と秩序の対比で表現された美しさと醜さの美学」は、『パラサイト』で描写される空間とデザインに注目する。ギテク一家の半地下とパク社長の大邸宅が貧富の格差を表しているのは、この映画を観た人には最もわかりやすい象徴だ。この文章は、そうした貧富の格差が住宅空間の量的な差を超越し、造形芸術の美的感覚レベルでより深まっていることを解き明かす。パク社長の暮らす空間は直線的・幾何学的なデザインで満たされている。つまり、そこは整然とした比例の法則に忠実な美的空間であるということだ。一方、ギテク一家の暮らす半地下の空間は無秩序でいかなる法則も見出しがたい場所だ。とはいえ、ギテク一家の空間を単に美的でないと断定することはしない。その代わり、パク社長の空間が法則や秩序の古典的な美を標榜するなら、ギテク一家の空間は自由奔放なバロック様式の美意識を表しているのだと解釈する。つまり、『パラサイト』は「秩序と無秩序」という造形芸術レベルの対立した美意識を階級論的な象徴性に重ね合わせた作品ということだ。チェ・キョンウォンの文章は、そうした発見にとどまら

ず、韓国の上流階級のミニマルで解放的な美意識が映画によく現れている点を指摘しつつ、その「韓国的」美意識が世界的な流れに先行しているのか、あるいは遅れを取っているのかを批判的に考察すべきだと主張する。

　キム・ヨンフンの「映画『パラサイト』にみる感覚のディテールと韓国の特殊性」は、先のヤン・セウクの味学とチェ・キョンウォンの空間論をより多彩な感覚に拡張し、それと一体になった韓国の美学を探り出す。この文章はまず嗅覚に焦点を合わせる。ギテク一家が共有する悪臭は、パク社長一家には移らない。その「匂いの階級学」は、最終的にパク社長に害を与える要因となる。半地下の閉塞感と大邸宅が与える解放感は体感とリンクし、家政婦ムングァンが桃の毛にアレルギー反応を示すシーンは触覚を刺激する。チャパグリにトッピングされた韓牛は「味覚の階級化」を表していると言えるだろう。また、『パラサイト』が聴覚を刺激しているとも指摘する。BGMは「優雅でありながらトロット〔韓国の大衆歌謡で、世代を超えて親しまれる〕のようでもある」韓牛ののったチャパグリのように、混ざり合ったスタイルとして観客の耳に伝わる。さらに、この作品が「暗く希望に満ちた音楽」で始まり「明るく絶望的な音楽」で終わることもシナリオを通して見つけ出す。音楽を形容するその矛盾した表現こそがこの映画が表すテーマ性に直結することは言うまでもない。そうした矛盾は、詐欺行為を働くギテク一家が自分たちの生き方を道徳的に省みることはないという歪みに繋がる。

　その歪みは、映画内の象徴体系にも当てはまる。チャン・ジンソンの「映画『パラサイト』における『象徴的なもの』の意味と役割」は、作中で発話される「象徴的だ」という台詞を中心に議論を展開する。映画の序盤に登場する山水景石（寿石）は東アジアで古来より君子の人格や道徳・長寿の象徴であり、蒐集品として人気が

ある。しかし、『パラサイト』の山水景石は従来とは異なる財運の象徴として登場し、犯行の道具に使われたり不幸を意味したりもする。そうした既存の象徴からの変化は、パク社長の息子が描いた絵でも繰り返される。その絵は何か意味があるかのように提示されるのだが、大して意味がないものへと変化する。この論考は、作品における象徴の変化を見出すことで、美と醜の間に不変の境界はなく互いに変化し得ることを強調する。

　美醜に境界がないという認識は、チェ・ギスク「映画『パラサイト』と嫌悪感情」での嫌悪感情の分析に繋がる。この論考は『パラサイト』の核心にある感情として嫌悪に注目する。そして、嫌悪感が俳優の演技を通じて観客に伝わり、私たちの生活にまで結びつくさまを細やかに分析してみせる。

　カン・テウンの「大邸宅の下女たちとパラサイト家族」は、『パラサイト』を映画史の中に位置づける。この論考では、『パラサイト』のストーリー類型を『下女』に見出す。大邸宅に入った下女が身分の違う主人一家と衝突するストーリーが、『パラサイト』に影響を与えているというのだ。しかし、『パラサイト』では下女という個人ではなく家族全員が雇用されて働き、主人一家と対立する構造に変わっている。つまり、『パラサイト』は個人ではなく家族の物語である点で西洋人にアジア的と受け止められたと主張する。アジアは西洋とは異なって家族主義的であると見なされており、その認識はアジア映画に向けられる西洋人の選好度に大きく作用していることを、同時代の他の映画と『パラサイト』を比較して解き明かす。

　続くキム・ヒョンミ「映画『パラサイト』の女性はいかにして『線』を越えるか──階級主義の不安とジェンダー」では、女性に注目する。『パラサイト』で描かれる男性の姿は、韓国の資本主義

と密接に結びついている。男性間では階級の序列がはっきりしており、越えられない境界が存在する。その反面、女性の場合は男性とは異なりその境界を飛び越える。境界を越えることを、この論考では「線を越える」と表現する。男性中心主義と階級主義がもたらす破滅的な方向性は、境界を飛び越える女性によって変えられると示唆する。

　アジアの美探検隊は、ポン・ジュノ監督の映画『パラサイト』という1つの対象を中心に、上記のように7つの異なるアプローチを試みた。『パラサイト』が見せる画面は、即物的な美しさにはあまり直結しない。半地下と大邸宅に代表されるように、映画が扱う現実は二極化（上下に分かれるグラフの形状から「K字型」経済と呼ばれる）が進んで上流階級に「寄生」して生き延びる家族を素材に韓国社会の階級問題を露わにする。だが、映画に限らず人類の古典と呼ばれる大部分の芸術作品は、その国・時代の幸福感や楽しさよりも苦悩や痛みを描き出している。分析の対象とすべきは現実ではなく、現実がポン・ジュノ監督という作家を通じてスクリーンでどのように再現されるかという点だ。階級の問題とそこで醸成される嫌悪感は、食べ物や建築、そして音楽や象徴によって『パラサイト』という1つの作品に凝縮されて観客に伝わる。この映画は、ともすれば韓国の観客だけが理解できる「土着性」の強い作品に思えるが、再現のプロセスを通じて世界中の人々が共鳴して感動し、カタルシスを感じられる作品として誕生した。再現の力によって韓国文化、そしてアジアの文化がその存在感を世界に知らしめたのだ。アジアの美を理解するための新たな視座を提供できれば幸いだ。本書がアジアの美に一歩近づくきっかけとなることを願う。

註

⑴ *2019 Theme report*, Motion Picture Association.

⑵《2019 년 한국영화 결산〔2019 年韓国映画決算〕》, 영화진흥위원회.

⑶ 아리스토텔레스,《시학》, 1445b.〔アリストテレス『詩学』三浦洋訳、光文社古典新訳文庫、2019 年〕

1
ヤン・セウク

チャパグリの映画美学⁽¹⁾

『パラサイト』の食べ物

『パラサイト』の登場人物たちは絶えず飲み食いしている。自宅での粗末な食事からピザ店や運転手食堂での外食へと続くメニュー構成、焼酎やビールから洋酒まで種類の変化を見せる映画は、チャパグリ〔インスタント麺の「チャパゲティ」と「ノグリ」を混ぜて食べるB級グルメ〕のシーンで劇的な転換を迎える。ミディアム・ウェルダンで焼いた韓牛のサーロインをのせたチャパグリは、話題の中心だった。その後、「トラウマ克服ケーキ〔後述〕」が登場するガーデンパーティーでの破局に続き、冷蔵庫から食べ物を盗むシーンで映画は幕を下ろす。このように、『パラサイト』は多種多様な食べ物の饗宴が繰り広げられる映画である。

ある生命体が他の生命体と関係を結ぶとき、双方に利益が生じれば共生、片方だけが利益を得るなら寄生となる。利益を得る生命体

が寄生虫（パラサイト）で、損害を被る生命体が宿主（ホスト。ポン・ジュノの前作『グエムル』の英題も『the Host』である）だ。寄生虫が宿主から貪るのは、生存のための食料である。「寄生虫」をタイトルに掲げ、名前に「기（奇）」と「충（虫）」の音を含む一家（ギテク、ギウ、ギジョン、チュンスク）を中心に食う者と食われる者の対決、食べ物をめぐって巻き起こるプレカリアート（precariat。新自由主義体制において不安定な雇用状況に追い込まれた非正規職と失業者の総称）同士の血みどろの争いを描く映画に食べ物が絶えず登場するのは自然なことである。

　対称をなす２つの家族と、もうひとつの奇妙な家族の同居と破局を描く悲喜劇『パラサイト』は、解読されるのを待つ「象徴」の饗宴であり、解釈の余地がたっぷり残された寓話でもある。『パラサイト』の食べ物の役割や位置づけはさまざまだが、どれひとつとして単なる小道具や背景に留まるものはない。階級と家族の、そして空間と欲望の寓話でもある『パラサイト』において、食べ物は持てる者と持たざる者の葛藤と対立を示す重要な素材であり、事件を仲介するプロット、そして映画のテーマ性が見て取れるメタファーでもある。

　チャパグリを中心に『パラサイト』に登場する食べ物が映画のプロットや美学において担う役割や意味を探り、さらに食べ物の味覚がどのように映画の美学たり得るのかを分析し、『パラサイト』が「１インチの字幕の壁」を越えて世界の観客に訴求できた理由を説明しよう。

食べ物のプロット

チキンと台湾カステラの事業で続けざまに失敗して失業した、全

員無職の一家の長ギテク（ソン・ガンホ）。彼が食パンのカビで緑色になった部分を取り除いて食べるシーンで映画は幕を開ける。ギウ（チェ・ウシク）とギジョン（パク・ソダム）は携帯電話をWi-Fiに繋げようと悪戦苦闘中だ。

　ギウは、ミニョク（パク・ソジュン）とスーパーの前でスナック菓子をつまみに焼酎を飲んでいるときに家庭教師の仕事を紹介される。それを機に、別世界の住人だったギテク一家とドンイク（イ・ソンギュン）一家が出会うことになる。ギウに続いてギジョン、ギテク、チュンスク（チャン・ヘジン）の順で全員就職の夢を叶えた一家の暮らしの変化は、粗末な食事から松茸を添えた牛肉に至るメニューの変化、ピザ店や運転手食堂での外食、そして安い焼酎から高級ビールや洋酒まで、種類の変化によって表現される。片や、一家が食べるピザにかかった赤いホットソースは、結核患者と誤解されたムングァン（イ・ジョンウン）を追い出す喀血の証拠品となり、ガーデンパーティーで「トラウマ克服ケーキ」に降りかかる血の前触れとなる。

　『パラサイト』は、粗末なりに自らの労働で糊口を凌ぐ家族がさらに苦境に置かれた別の家族を追い出し、金持ちの家の食べ物を独占しようとして破局を迎える物語だ。半地下の壁にかかった一家の家訓は「安分知足（足るを知り分をわきまえる）」である。

　一方、ドンイク一家が飲用するノルウェー産の氷河水、梅エキスや漢方茶などの健康飲料、そして凄惨な悲劇に至るガーデンパーティーからは、半地下の一家と劇的な対比をなす上流社会の文化コードが読み取れる。一家に長年仕えてきたムングァンは、ドンイクにはカルビチム〔カルビ煮込み〕が得意な女性として記憶され、ギテク一家には追い出すべき対象、過度の桃アレルギーを持つ女性として記憶される。桃は古来より長寿や魔除けを象徴する仙界の果

桃は古来より長寿と魔除けの仙果だが、ギジョンが盗んだ桃はムングァンを追い出す手段、そして3家族の破滅を招く災いの元となる。

実だが、盗んだ Wi-Fi 電波と名門大学の在学証明書に続いて登場する盗んだ桃は、ムングァンを追い出す手段、そして3家族の破滅を招く災いの元にもなる。

　ギテクと同じく台湾ワンスイカステラ（実際に流行したブランド名は「淡水台湾カステラ」）の事業に失敗したグンセ（パク・ミョンフン）をムングァンが腕に抱き、哺乳瓶に入った重湯とバナナを与える。このシーンは、2人の間の転倒したジェンダーロールを暗示している。また、ダソン（チョン・ヒョンジュン）が真夜中に冷蔵庫から出して食べるケーキは、2階から下りてきたダソンと飢えた腹を満たそうと地下室から這い上がってきたグンセを引き合わせる。このお化け事件〔ダソンがグンセをお化けと勘違いして失神した事件〕に端を発するトラウマ克服ガーデンパーティーで再登場するケーキは、最終的に3家族を取り返しのつかない悲劇に陥れてしまう。

　パク社長一家の留守中、ギテク一家は全員の就職成就を祝う洋酒パーティーを開き、高級洋酒を混ぜて飲みながら犬用ビーフジャーキーをつまみにする。このシーンで彼らの趣向が明らかになる。宴もたけなわの頃に鳴るチャイムの音で劇的な転換を迎え、

ヨンギョとチュンスクがチャパグリを前にして交わす会話に登場するケーキは、2階から下りてきたダソンと地下室から上がってきたグンセを引き合わせ、ガーデンパーティーの破局を招く。

チャパグリ完成までの8分間で繰り広げられるギテク一家とグンセ一家の死闘、そして翌日の「トラウマ克服ケーキ」が登場するガーデンパーティーの破局へと続く。地下室に忽然と消えたギテクが干からびた鮭缶をこそげ取って食べ、グンセと同じように夜陰に乗じて地下室の階段を這い上がって冷蔵庫の食べ物を盗むシーンが、

モールス信号で息子のギウに手紙を書くシーンにオーバーラップして映画は幕を下ろす。

ゲームチェンジャー、チャパグリ

「こんばんは〜？」

前半で人物と空間をスケッチするような緊迫感あふれる展開を見せた映画は、チャイムの音と豪雨の中からインターホン越しに聞こえるムングァンの身の毛もよだつような声で劇的な転換を迎える。ムングァンの訪問によってキッチンから地下へと続く黒い地獄の門が開き、いよいよ映画の全体構造が明らかになる。映画がちょうど折り返し地点にさしかかる頃だ。

「チャパグリ〔日本語字幕では「ジャージャー・ラーメン」〕は作れますよね？（中略）冷蔵庫の韓牛も入れて」

しばらくして、今度はヨンギョ（チョ・ヨジョン）から電話があり、死闘を繰り広げていた2家族は主人一家の到着まで8分間の暴走を続ける。大混乱の最中、チュンスクは携帯電話で調理方法を検索しながらコンロで湯を沸かし、ラーメン2袋を開けてスープを種類別に並べ、韓牛を切ってフライパンで炒める。そして、階段を上るドンイク一家の足音が聞こえてくると同時にチャパグリが完成する。洋酒パーティーを開いて調子に乗っていたギテク一家は人間と鉢合わせたゴキブリのようにテーブルの下に隠れ、やがて豪雨の中果てしなく続く階段を下って被災者の立場に転落する。このように、チャイムに続くチャパグリのシーンは映画における「ゲームチェンジャー」であり「転換点」なのだ。

大阪府池田市の「インスタントラーメン発明記念館」に本部を置く「世界ラーメン協会（World Instant Noodles Association）」の資料に

よると、韓国は1人当たりのラーメン消費量で統計開始以来世界1位の座を守り続けている。中国の拉麺に由来する和風フュージョン麺からファストフードへと発展したラーメンは、世界最大の麺類文化圏である東アジアを空間的背景に、近現代を時間的背景に誕生した料理だ。しかし、ラーメンの人気はもはや世界的な現象である。ローカル料理のグローバル化やフュージョン料理の誕生、ファストフードの日常化および麺類の一般化は、前世紀から続くメガ・トレンドだ。そのトレンドの交差点に位置する料理がラーメンだ。10年以上前から噂されていた調理法「チャパグリ」は某バラエティ番組をきっかけに急速に知れ渡り、『パラサイト』とともに「作ってみた動画」の世界的流行に乗じてラーメン市場の勢力図を塗り替え、アカデミー受賞を祝う青瓦台〔2022年5月までの韓国大統領府所在地〕での食事会のメニューにまで上った。

　チャジャン麺とうどんをそれぞれ再現した2種類のインスタント麺を混ぜ、韓牛のサーロインをトッピングしたチャパグリは、ひとつ屋根の下でもつれ合うギテク一家とグンセたち、そしてその上に危なげに乗りかかったドンイク一家の関係性を暗示している。韓国の観客にはユーモアだが海外の観客は好奇心をそそられるこの混ぜ合わせ料理は、名前も3つの言語（中国語「炸醬」、イタリア語「スパゲティ」、韓国語「ノグリ（狸）」）の混合である。色彩が消えて質感とコントラストが際立った映画のモノクロ版で観ると、チャパグリの印象の強烈さもひとしおだ。

　韓牛のサーロインをトッピングしたチャパグリは、インスタント麺類最大の美徳である調理の簡便性と柔軟性を示す料理であると同時に、文化的雑食性（cultural omnivorousness）の一例でもある。20世紀後半に起きた社会の変化に伴い、エリート層は従来の型にはまったヒエラルキー志向のゾンビ的消費とは異なる文化的嗜好の柔

軟性を見せるようになった。それが、文化的雑食性という用語を提唱したイギリスの社会学者ピーターソンの主張だ。[(2)]

　ひと皿のチャパグリを中心に展開するキッチンのセットや照明、演技とカメラワークは、「ポンテール」の愛称で呼ばれるポン・ジュノ流ディテールとミザンセーヌ〔舞台演出〕の1つの典型を示している。『パラサイト』は、空間そのものがミザンセーヌであるというポン・ジュノの持論を忠実に反映した映画だ。「物語と空間がぴったり一致する映画を作ったときに到達できる最高の瞬間」を見せてくれる。[(3)]黒褐色は、青みがかった半地下と対照を成す2階建ての邸宅の基本色調だ。キッチンのインテリアや食卓、椅子や照明から俳優のメイクや髪型や衣裳に加え、リビングと階段に設置されたパク・スンモによるインスタレーション作品、さらには飼い犬に至るまでその色調が貫かれている。黒褐色のトーンで統一されたキッチンの食卓に置かれた黒褐色のチャパグリをヨンギョが平らげるまでの会話で、初めて映画の全体構造が明らかになる。それと同時に、大団円への疾走が始まる。

　ポン・ジュノの映画に繰り返し登場するシーンがある。ギテク一家がソファの下で動けないままドンイク夫妻の夜の営みを耳にするシーンは、クローゼットに閉じ込められた母親（キム・ヘジャ）がジンテ（チン・グ）の性交現場を目にする『母なる証明』（2009）を彷彿とさせる。同じくチャパグリのシーンは、ゴキブリをすり潰して作ったプロテイン・バーで食いつなぐ最後尾車両の若き指導者カーティス（クリス・エヴァンス）が列車の心臓部であるエンジン室を掌握し、ワインつきのステーキを前にウィルフォード（エド・ハリス）と会話する『スノーピアサー』のクライマックスを連想させる。この会話でギリアム（ジョン・ハート）の本性と17年間雪の中を疾走してきた列車の全貌が明らかになるのと同じように、ドンイ

クの「一線」を越えた発言はギテクにそれまでの屈辱を呼び起こさせ、翌日の突発的な殺人を予告する。

　前年のダソンの誕生日に起きたケーキとお化けをめぐる大騒動の内実を暴く上で、食卓ほど相応しい空間はない。食卓に並ぶ料理を前にすると人は正直になるものだ。食事を共にする行為は両者を物理的に近づけるだけでなく、情緒的にも1つに結びつける。フランスの社会学者で作家のジャン・クロード・コフマン(4)は「食卓で関係が形成される。食卓では彼らの現在の状態も明らかになる。食事は2人がいかに仲が良いかを表す尺度のようなものだ」と述べる(5)。

　チャパグリは最初ダソンのために用意されるが、ドンイクを通過して最終的に食べることになるのはヨンギョだ。彼女は食卓で向かい合ったチュンスクに分けることもなく、やけに大きな白い器に盛られた2人分のチャパグリを1人で平らげる。友人を意味する「コンパニオン（companion）」の語源は、「同じパンを分ける人」である。韓国語の「食口（식구、家族）」も「ご飯を分ける人」の意味になる。チャパグリを分けないヨンギョとチュンスクは、友人にも家族（食口）にもなれない。

　チャパグリのシーンが展開するキッチンは、クロスフェードで挿入されるリビングのテーブルの下や地下室でまさに繰り広げられている残酷な現実から隔離され、安心の味（コンフォート・フード）で偽りの安心感を提供する寓話的な空間でもある。大抵の家庭がそうであるように、この映画で最も趣向が凝らされており、かつ事件の中心にある空間はキッチンだ。『パラサイト』のキッチンは、地下のグンセ一家と半地下のギテク一家が地上のドンイク一家と相まみえ、対立する接点でもある。

　その意味において、食卓の椅子の数は象徴的だ。映画の前半部で、キッチンの大きすぎる食卓には4人家族に不相応な8脚の椅

8脚だった食卓の椅子はこのシーンで
10脚になり、ガーデンパーティーの
シーンではまた8脚に戻る。

子が置かれていた。家族は4人だが、「食口」はギテク一家も入れ
て8人というわけだ（『パラサイト』のフランス語版ポスターで枝につい
ている桃も8個である）。地下室の存在と事件の内幕が明らかになる
チャパグリのシーンで、椅子は10脚になる。地下室の「食口」2
人が増えて10人になったからだ。そして、映画のクライマックス
でグンセが地下室の階段を駆け上がり、ギウに山水景石を叩きつけ
てキッチンの包丁を引き抜くシーンで椅子はまた8脚に戻っている。

「デウス・エクス・マキナ」と「プルースト効果」

ポン・ジュノはジャンル分けを拒絶する監督だ。「ポン・ジュノ
の映画はジャンルを借用して始まり、それを裏切って終わる[6]」。そ
ういう意味では、ポン・ジュノの映画は「嘘の目的地を告げるバ
ス[7]」のようなものだ。1930年代に不確実性を減らし安定した需要
を創出する必要があったハリウッドの主要映画会社が、蓄積した
経験と公式に従って製作した慣習的な映画がジャンル映画である。
ジャンルの文法を拒むことは、創造的な映画を作るには避けられな
い選択だ。ポン・ジュノは、多様な映画言語の混成によって第3の

ジャンルである寓話としての映画を絶え間なく世に出している。そして、寓話と「いま・ここ」の現実の隙間はポン・ジュノ流のディテールで埋められる。

　グンセは類型化を拒む奇怪な人物だ。しかし、カステラの事業に失敗し借金取りに追われ、地下室に身を隠して4年3か月と17日目になり、司法試験が廃止になったとも知らずに試験の準備をしながら3歳年上の女性と暮らす45歳の男性であるというディテールが、彼を生々しい現実の人物に生まれ変わらせる。チュンスクがグンセを抑えるシーンでもディテールが力を発揮する。その予想外の状況に説得力を持たせるため、チュンスクが夫の尻を蹴ったり手首を捻ったりするシーンを繰り返し見せていたのだ。城南市庁所属のハンマー投げ選手だった頃に全国種目別陸上競技選手権大会で獲った銀メダルが壁にかかっていたり、洋酒パーティー中にハンマー投げをしたり、ガーデンパーティーの準備中に1人でテーブルを運んだりするシーンも同様。ギテクの最後の手紙にまで「まあ、母さんはすごく元気だろうな」という言葉が登場する。ディテールの強さが生む解釈の余地や余白こそ、ポン・ジュノが創り上げた映画世界の魅力だ。

　細部が大きな要素以上に本質を物語ることもある。映画の神と悪魔は、ディテールの中で互いに競い合っているのかもしれない。

　『パラサイト』において、食べ物はそうしたディテールの核心となるものであり、デウス・エクス・マキナ（機械仕掛けの神）の役割を代わりに担うプロットの仕掛けでもある。デウス・エクス・マキナとは、古代ギリシア悲劇において解決が困難なほどこじれた問題を破局寸前で大命によって解決すべく、舞台の天辺から機械装置に乗って降りてくる神のことだ。

　あらゆるストーリーテリングは「模擬飛行装置のように、我々が

現実で遭遇するのと同じ問題を極限状態でシミュレーション」する装置だ。ストーリーテリングがシミュレーターとしての役割を全うするには、「極限状態」を脱け出すための偶然と飛躍が不可欠だ。ミニョクの突然の訪問によって5浪のギウが家庭教師を始め、主人すら存在を知らない地下のシェルターでは飢えた男が4年以上も暮らしており、ギテク一家が洋酒パーティーを開いた日に記録的な豪雨のためキャンプを中止したドンイク一家が予告なく帰ってくる。こうした幾重にも重なった偶然と飛躍がなかったら、『パラサイト』は貧弱なシミュレーターの域を出なかっただろう。偶然と飛躍による劇的な効果を引き出すための仕掛けであるデウス・エクス・マキナの順機能と逆機能は長らく論争の対象だが、現代の観客は概ねこれを拒否する。

　プロットの仕掛けとしての食べ物の役割は、「20世紀最大の文学的事件」として記録されるプルーストの『失われた時を求めて』に登場するマドレーヌの効果（「プルースト効果」）において劇的に示される。ある冬の日、家に帰ってきた主人公が寒そうにしているのを見た母は、普段は飲まない紅茶を飲まないかと提案し、プチ・マドレーヌという小さくて丸っこい菓子を買ってこさせる。

　　うっとうしかった一日とあすも陰気な日であろうという見通しとにうちひしがれて、機械的に一さじの紅茶、私がマドレーヌの一きれをやわらかく溶かしておいた紅茶を、唇にもっていった。しかし、お菓子のかけらのまじった一口の紅茶が、口蓋にふれた瞬間に、私は身ぶるいした、私のなかに起こっている異常なことに気がついて。すばらしい快感が私を襲ったのであった、孤立した、原因のわからない快感である。

　　マドレーヌのかけらが混ざった紅茶ひと口が口蓋に触れる偶然の

きっかけにより、小説の様相はそれまでとは異質なものになる。作中の比喩を借りるなら、「水でいっぱいの陶器の器に小さな紙切れを浸すとそれまで形態のなかった者たちがたちまち広がるように」味覚は忘れた過去の記憶を復元し、失われた時を求めて旅立つ発端となる。過去は私たちの知性の領域外、まったく思いもよらなかった対象や感覚の中に潜んでおり、生きているうちに出会えるかどうかは純然たる偶然によるとプルーストは言う。

アイロニーの美学と「逆カタルシス」

　3家族が互いの「線」を越えて破局を迎える映画『パラサイト』は、アイロニーの美学を具現化した寓話だ。映画では「計画」という単語が20回以上繰り返されるが、ギテク一家にとって計画は失敗の同義語だ。「一線を越えない」の別の表現である「安分知足」という家訓を忘れてギテク一家が立てた一世一代の計画は、最終的に破局に繋がる。長寿と魔除けの仙果である桃が災いの元となるように、幸運を呼び込むという山水景石はギウの頭に叩きつける用途に使われ、ギテク一家の生活を崩壊させる。ピザの箱を組み立てて生計を維持していた一家は盗んで使っていたWi-Fiまで遮られてデータ無制限生活を夢見るが、結局は原始的なモールス信号で見込みのないシグナルを発信し、元のピザ店のチラシを撒く立場に戻る。グンセを見て「こんな場所で暮らせるのか？」と言ったギテクは、バトンタッチするかのように自分がその地下室に閉じ込められる。このように、ギテク一家にとって失敗しない計画とは結局無計画のみだということが明らかになる。
　計画通りにならないのはギテク一家だけではない。チャパグリとは違って、誰の人生にも調理法などないのだ。ミニョクは信頼でき

るギウにダヘ（チョン・ジソ）を任せるが、２人はやがて恋愛関係に発展する。不良品の箱に怒鳴っていた「ピザ時代」の社長はギテク一家を客として迎え、豪雨によって一家と同じ被災者の身分へと転落する。ダソンのトラウマ治療のために計画したキャンプは豪雨で中止になって惨劇の元となり、「禍転じて福と為す」はずのガーデンパーティーとトラウマ克服ケーキは取り返しのつかないトラウマそのものとなる。ドンイク一家は未知の存在を警戒して「信頼のベルト」で家族の安全を守ろうとするが、「ミニョク・ギウ・ギジョン・ギテク・チュンスク」と連なる「信頼のベルト」は結局「裏切りのベルト」だったことが明らかになり、最後まで自分たちの暮らす邸宅の地下室にいた存在や悲劇の原因さえわからないままで終わりを迎える。

　『パラサイト』は、ギリシア悲劇のアイロニー構造とプロットを借用しつつ、それを覆す映画でもある。ギリシア悲劇において、出生時から凡人と区別される英雄は己の授かった神託から逃れようとあがくが、結局は運命の中へ吸い込まれて破滅する。そして、それを見守るオーディエンスはカタルシスを感じるのだ。『パラサイト』ではギリシア悲劇の英雄が半地下の一家というアンチ・ヒーローに、神託は計画に置き換わっている。黒い目線の入ったポスター〔201頁参照〕が暗示するように、それぞれ非凡な能力を持つが結局は観客と大差ない半地下の一家はひょんなことから自分たちの境遇を変えるべく計画を立てるが、それは最終的に自分たちを破滅へと誘う。そして、それを見守るオーディエンスは「逆カタルシス」とでも言うべき感情を経験する。テーマ曲のタイトル「焼酎一杯」よろしく映画を観た後に焼酎でも一杯やりたいと思わせる胸のざわつきの正体は、このようにギリシア悲劇のアイロニー構造を借用した上で、それを覆すことで生まれる逆カタルシスだというわけである。

『パラサイト』に終始登場するチャパグリなどの食べ物は、偶然や飛躍がストーリーに及ぼす二律背反的な影響と矛盾を相殺するプロット上の仕掛けである。『失われた時を求めて』では、紅茶に混ざったマドレーヌのかけらが口蓋に触れる偶然をきっかけにコンブレー近くの村と庭園へ誘われる。同じく『パラサイト』では、赤いホットソースは喀血とケーキに降りかかる鮮血を呼び、桃はアレルギーを、チャパグリはケーキを、そしてケーキは再びお化けとガーデンパーティーの破局を呼ぶ。

食の映画の系譜と『パラサイト』

映画において、料理は魅力的な素材だ。映画はときに料理によって記憶される。「ラーメン・ウエスタン」を標榜した伊丹十三の『タンポポ』（1986）や、第60回アカデミー賞で外国語映画賞を受賞したデンマーク出身のガブリエル・アクセルによる『バベットの晩餐』（1987）、台湾出身のアン・リーによる『恋人たちの食卓』（1994）、アニメ『レミーのおいしいレストラン』（2007）、森淳一の『リトル・フォレスト 夏・秋』（2015）および『リトル・フォレスト 冬・春』（2015）などがクラシックだ。韓国映画においても、初の料理映画として挙げられるイ・ギュウンの『駅前中華店〔역전 중국집〕』（1966）やベルリン国際映画祭パノラマ部門に招聘されたパク・チョルスの『301・302』（1995）を経てホ・ヨンマンの漫画を脚色したチョン・ユンスの『食客』（2007）、「料理と映画を媒介に世界各地のさまざまな暮らしの姿と文化を理解し、相互にコミュニケーションする祭典」を標榜し昨年第6回を迎えたソウル国際料理映画祭オープニング作のパク・ヘリョン『飯情（밥정）』（2020）へと連なる長い系譜をたどることができる（『飯情』の主人

公は先日亡くなった「放浪食客」イム・ジホだ）。

　この系譜において『下女』(1960)、『火女』(1971)、『火女82』(1982) をあわせたキム・ギヨンの「下女3部作」の地位は格別だ。ポン・ジュノは折に触れてキム・ギヨンに敬意を表している。『ほえる犬は噛まない』公開翌年の2001年に月刊誌『KINO』が主催した新年座談会で、ポン・ジュノは「韓国の映画監督の中ではキム・ギヨンが一番好きで、映画のビデオテープを10本以上持っている」と発言した。また2020年のカンヌ映画祭でパルムドールを受賞した直後、公式記者会見の場で「私がある日突然1人で韓国映画を作ったわけでなく、歴史上キム・ギヨンや多くの偉大な監督がいた」とも語っている。ポン・ジュノの映画人生において、常にキム・ギヨンが共にあったことが窺える。

　下女3部作は、『パラサイト』の奇妙な世界に入るための秘密の鍵だ。『パラサイト』は映画の技法から世界観に至るまで、オマージュという表現では足りない下女3部作の深い影響の中で練られた映画だ。寄生する者が最終的に宿主を破壊するというシナリオの基本骨格、階段を中心として地下室から2階まで連なる空間構成（『下女』には地下室が登場しないが、『火女』と『火女82』には女主人が生計のために鶏を飼う巨大な地下の空間が登場する）、その空間を飾る象徴的なオブジェの数々、色彩感にブラックユーモアまで。何より、下女3部作には多くの食べ物が登場し、登場人物たちは絶えず何かを飲み食いしている。食べ物というプロットの仕掛けがなかったら、『パラサイト』と同じく下女3部作の豊饒さは半減していたはずだ。

　かつてヴィーガン（完全菜食主義者）を自認していたポン・ジュノの食べ物に対する鋭い感覚が見て取れる映画は、『パラサイト』が初めてではない。20年後に映画史を塗り替えることになる若き監督の才気あふれるデビュー作『ほえる犬は噛まない』(2000) の頃

映画『下女』の一場面。
水、サイダー、ビール、洋酒、飯、鶏肉、卵、どぶろく、高麗人参、高麗人参スープ、餅、シッケ〔韓国の伝統的な発酵飲料〕など、食べ物というプロットの仕掛けがなかったら下女3部作の豊饒さは半減していたはずだ。

からだ。ラーメン、ポン菓子、梨のような日常の風景によくある食べ物は除くとしても、死んだ犬を煮込んで作る補身湯や決定的なシーンに2度も登場する切り干し大根の意味や象徴は軽いものではない。『グエムル』（2006）は誰彼構わず食い荒らす漢江の化け物に象徴される資本主義的な貪欲さを描いた映画であり、『スノーピアサー』（2013）において最後尾と先頭の車両は食べ物によって決定的に区別され、『オクジャ』（2017）は遺伝子組換えと集中家畜飼養施設（Concentrated Animal Feeding Operation, CAFOs）における非倫理的な動物飼育問題を扱うディストピア的寓話だ。

　ポン・ジュノの映画に繰り返し登場するラーメンとチャジャン麺は特に印象的だ。『ほえる犬は嚙まない』を皮切りに、刑事たちがドラマ『捜査班長』に視線を固定したままチャジャン麺を平らげる『殺人の追憶』（2003）、家族が車座になってカップ麺を食べながら漢江を見つめる『グエムル』（2006）でもそうである。1930年代の小説に登場するチャジャン麺は『パラサイト』に登場するチャパ

グリに負けず劣らず印象的だったであろう点を考慮すれば、「お前まで家族のためにチャジャン麺を作るようになったのか？　お前まで、お前まで……」という嘆きで終わる、チャジャン麺が登場するおそらく国内初の小説『聖誕祭』を書いたパク・テウォン（1909〜87）と、チャパグリを登場させて映画史を塗り替えたポン・ジュノが祖孫関係にあるという事実は、もしかすると偶然ではないのかもしれない。

　『パラサイト』を含む映画において食べ物が魅力的な素材である理由は、何よりそれが生そのものであるからだ。ホワイトヘッド（1861〜1947）の「生は略奪である（Life is robbery）」という言葉を引用するまでもなく、光合成できない人間は略奪しないことには生命を維持できない。『孟子』には「食色性也（食欲と色欲は人間の本性である）」、『礼記』には「飲食男女は人の大欲存す（飲食と男女に人間の大きな欲望がある）」という言葉が登場する。「火で料理すること」がホモ・サピエンスの進化のミッシング・リンクだと主張する「火食仮説（The cooking hypothesis）」を支持する証拠は既に満ちあふれている。生命の条件であり快楽の源泉である「食色」と「飲食男女」をめぐる欲望と葛藤は、映画の枯れることのない泉である。

　物質、欲望、魂の3要素をあわせ持つ食べ物を媒介にして主体は世界に出会い、アイデンティティを形成する。「あなたはあなたの食べたものでできている（You are what you eat）」という諺や、美食家として有名なフランスの法律家ブリア・サヴァランの「どんなものを食べているか言ってみたまえ。君がどんな人か言い当ててみせよう」、ドイツの哲学者ルートヴィヒ・アンドレアス・フォイエルバッハの「飲み食いするものはそれ自体『第2の自我』である」という言葉が暗示するように、食べ物は人間社会のヒエラルキーを劇

的に露わにする標識でもある。

　映画において食べ物が魅力的な素材となり得るさらに根本的な理由は、食べ物とリンクした味覚の持つ共感覚的な特性と関連がある。感覚間の境界が崩れて五感が互いに影響し合い、単一の感覚では明瞭に知覚できない状態が共感覚（synesthesia）である。「食」と「色」と「飲食」と「男女」は共感覚、ひいては五感のすべてが動員される総体性の感覚を刺激するという点において共通している。

　チャパグリを含む麺類は代表的なコンフォート・フードであり、共感覚を刺激する食べ物の長所が際立っている。『世界地図から食の歴史を読む方法』の中で、辻原康夫は麺類の魅力について「こしのある舌ざわり、歯ごたえ、のどごしと三拍子そろった満足感はいうまでもなく、すすりこむ際の唇を通過する刺激こそが最大の醍醐味だろう」と語る。[02]　味覚と嗅覚、視角と聴覚はもちろん「第２の性器」と呼ばれる唇の触覚まで強烈に刺激する食べ物として、麺類ほどのものは稀である。感覚的な快楽を慎むべしとされる仏門において麺類が「僧笑」の別名で呼ばれる理由も、そうした麺類の魅力と関連があるはずだ。

美学 (미학) としての味学 (미학)

　味覚の意味は、感覚の歴史の中で解明されることでその全貌を現すのかもしれない。感覚は古代ギリシアの頃から重要な哲学的テーマとして扱われてきた。それは肉体との距離によって「接触感覚」と「遠隔感覚」に二分され、視覚と聴覚は遠隔感覚に、残りの味覚・嗅覚・触覚は接触感覚に分類された。この分類法には修正が必要だ。嗅覚は、視覚や聴覚ほどではないが対象と多少離れることが許容されるからだ。したがって視覚と聴覚は遠隔感覚、嗅覚は中間

味覚と嗅覚、視角と聴覚はもちろん
「第2の性器」と呼ばれる唇の触覚まで五感を
強烈に刺激する食べ物として、麺類ほどのものは稀である。

感覚、味覚と触覚は接触感覚に分類するのが相応しい。

　プラトンは、理性より劣るとする感覚全般を重視しなかったが、それでも視角を最も高貴な感覚と見なした。目は光の源泉である太陽にあやかって善のイデアを指向し、神の属性を内包すると考えたためだ。アリストテレスもやはり視覚を最高の感覚と見なし、聴覚・嗅覚・味覚・触覚の順で身体に近づくほど劣った感覚になると考えた。このように、接触感覚が劣るものとして扱われたのは、度を越した耽溺の対象になりやすいと考えられたためである。こうした感覚の区分法は、美的認識にも影響を及ぼした。美術や音楽のように視覚・聴覚を媒介とする芸術は美の対象となり得るが、食べ物や香水のような味覚・嗅覚の場合は美の対象になりえないと見なされたのだ。

　中世まで哲学を伴って交わされた感覚に関する議論は、感覚を信じず理性中心主義（logocentrism）の磁場の中で展開された近代以降の哲学においてほぼ影を潜める。冷遇されていた感覚が新たに注目を集めたのは、美学の誕生がきっかけだ。美学は、啓蒙主義とロマン主義の時代を経て科学の領域へ移った感覚を再び哲学の領域に

受け入れようとする努力の結果として誕生した学問だ。現在、美学（aesthetica）は概ね芸術の美に関する学問と見なされているが、美学の創始者であるドイツの哲学者バウムガルテンは美学をアイステシス（aisthēsis）、すなわち感性的な知覚全般を扱う包括的な学問として構想した。[13]この構想を受け継いだフランスの哲学者メルロ＝ポンティは身体感覚こそが世界を構成する基礎であると主張し、「からだの現象学」または「身体の現象学」という新たな存在論ないしは認識論を提唱した。[14]

　触覚とともに最も劣った感覚と見なされていた味覚の美における位置づけは、複数の言語における「味」に関する単語の意味変化によって推論することができる。英語の「テイスト（taste）」は歴史上さまざまな意味変化を経てきたが、「味覚を通じた親密な関係」という意味に集約される。テイストは「味覚」から「嗜好」や「趣向」という意味に転じ、さらに経験に対する即時的かつ主観的な判断、つまり「美的判断力」の意味にまでその含意が拡張された。フランス語の「グー（goût）」やドイツ語の「ゲシュマック（Geschmack）」もやはり英語のテイストと類似した意味変化の過程を経ている。

　興味深いことに、中国やインドはもちろん韓国でも古くより美的経験を説明するために味覚の隠喩が用いられてきた。他の解釈の余地がないわけではないが、今も絶対的権威を誇る最古の漢字語源辞典である許慎の『説文解字』では、美を羊と大が結合した会意として「甘（うまい）」と解釈している。[15]さらに羊を共有する美と善を類義語と解釈する。

　インド美学においても、既に３世紀の頃から「植物の汁、香り、味」などの意味を持つラサ（rasa）が神人合一を意味する最高の美的境地を表現する言葉として使用されていた。ラサを含んでいない

作品は芸術として認められず、ラサのない経験は美的ではないと見なされた。韓国語においても「맛（味）」と「멋（趣、味わい）」は語源を同じくする変異形（バリアント）と解釈される。チョ・ユンジェは陽母音と陰母音の対立を成す「멋」と「맛」が同義語だと主張し、チョ・ジフンも「멋」が「맛」から派生した理由を我々の美意識が味覚の表現に基づいているからだと説明している。[16]

　今は「常識」の意味で使用されるコモンセンス（commonsense）は、元々「共通感覚（sensus communis）」を意味する言葉だ。美しさそのものは感覚的な快楽と区別され「いま―ここ」の効用に直接繋る価値ではないが、食べ物の味覚経験は共通感覚を媒介として普遍性を獲得し、美的経験に昇華され得る。こうして美学（미학）は味学（미학、gastronomy）にリンクする。

『パラサイト』、「1インチの壁」を越える

　『パラサイト』は国内外の映画祭において 360 以上の部門で受賞候補に挙がり、200 以上の部門で受賞した。この受賞リストには 72 回カンヌ国際映画祭（パルムドール）、73 回英国アカデミー賞（脚本賞・外国語映画賞の 2 部門）、77 回ゴールデングローブ賞（最優秀外国語映画賞 1 部門）、そして 92 回アカデミー賞（作品賞・監督賞・脚本賞・国際映画賞の 4 部門）が含まれる。カンヌ国際映画祭のパルムドールとアカデミー賞の受賞が韓国初であるのみならず、非英語作品のアカデミー作品賞受賞も史上初のことである。また、それぞれ異なる価値を追求するカンヌ国際映画祭のパルムドールとアカデミー作品賞の同時受賞は、アメリカのデルバート・マンによる『マーティ』（1955）以来 65 年ぶりのことだ。

　映画祭での受賞がそのまま映画の成功を立証するわけではないと

しても、『パラサイト』に対する世界の映画界からの賛辞は予想外だったかもしれない。貧富の格差という普遍的な素材を扱ってはいるものの、半地下や家庭教師、運転手食堂、街頭消毒（消毒剤散布）、そしてチャパグリをはじめとする韓国らしい現実から取り上げた特徴的な素材が随所に登場し、さらには韓国語の敬語の段階を行き来する作法の切り替え、韓国的な文脈でなければ理解しづらいユーモアセンス、韓国語固有の語感が染み込んだ微妙な意味合いの滲む台詞がストーリー展開の中心を成しているからだ。制作報告会で、ポン・ジュノは「この映画は韓国的な作品なので、カンヌの観客は100％理解することはできないだろう」「韓国の観客だけに身に染みて100％理解できるディテールが散りばめられた映画だ」と述べた。

　ポン・ジュノは、ゴールデングローブ賞の授賞式で「1インチほどの字幕の壁を越えれば、皆さんは遥かに多くの映画を楽しむことができます。私たちは1つの同じ言語を使っていると思います。それは『シネマ』です」と所感を述べた。言語や文化の壁の言い換えである、低くても強固な「1インチの壁」を越えて、『パラサイト』が世界の観客にここまで訴求できたのは、理性の論理ではなく感覚の連鎖によって繋がる映画だからである。

　映画は基本的に視聴覚の芸術だが、食べ物を媒介としたプロット展開や味覚経験の美的経験への昇華、そして味覚そのものが持つ共感覚の効果を活用することで観客に感情移入を許す総体性の芸術となり得る。『パラサイト』はそれを世界の映画界に証明してみせたのだ。

註

(1) 本稿の初稿は《영화연구〔映画研究〕》86 号（2020 年 12 月）において〈음식의 플롯, 미각의 미학 : 음식과 미각의 시야로 다시 보는 영화 기생충〔食べ物のプロット、味覚の美学──食べ物と味覚の視点で見直す映画パラサイト〕〉というタイトルで発表された。

(2)「文化的雑食性」はリチャード・A・ピーターソン（Richard A. Peterson、1932 ～ 2010）が最初に紹介し（1992）、ピーターソンとロジャー・M・カーン（Roger M. Kern）によって実証された概念だ（1996）。

(3) 윤웅원〔ユン・ウンウォン〕, 2019.

(4) Jean-Claude Kaufmann (1948–).

(5) Mühl & Kopp, 2017: 64.

(6) 이동진〔イ・ドンジン〕, 2020: 14.

(7) 김영진〔キム・ヨンジン〕, 2013.

(8) Gotschall, 2014: 26–27.

(9) Proust, 1927/2012: 86〔日本語版、74 頁〕.

(10) 주성철〔ジュ・ソンチョル〕, 2014: 378–379.

(11) Whitehead, 1929: 105.

(12) 辻原康夫 , 2002: 15.〔原著日本語版、14 頁〕.

(13) 진중권〔ジン・ジュンクォン〕, 2019: 6.

(14) 이상용〔イ・サンヨン〕, 2021: 212.

(15)「美, 甘也. 从羊从大. 羊在六畜主給膳也. 美與善同意（美は「甘い」であり「羊」と「大」が結合したものだ。羊は六畜（馬・牛・羊・鶏・犬・猪）の中で主に祭祀の食べ物に使われる。「美」は「善」と同じ意味である）」。羊の角や鳥の羽根などを頭に差して飾った人間の姿を表す象形文字として解釈する説もある。

(16) 소래섭〔ソ・レソプ〕, 2009: 155–158.

参考文献

마르셀 프루스트〔Marcel Proust〕지음, 김희영 옮김,《잃어버린 시간을 찾아서 1 : 스완네 집 쪽으로 1, 민음사, 2012.〔プルースト『失われた時を求めて 1──第一篇 スワン家のほうへ』井上究一郎訳、ちくま文庫、1992 年〕

멜라니 뮐〔Melanie Mühl ／メラニー・ミュール〕・디아나 폰 코프〔Diana

von Kopp ／ディアナ・フォン・コップ〕지음, 송소민 옮김,《음식의 심리학〔食べ物の心理学〕》, 반니, 2017.

소래섭〔ソ・レソブ〕,《백석의 맛 : 시에 담긴 음식, 음식에 담긴 마음〔白石の味──詩に込められた食べ物、食べ物に込められた心〕》, 프로네시스, 2009.

쓰지하라 야스오〔辻原康夫〕지음, 이정환 옮김,《음식, 그 상식을 뒤엎는 역사》, 창해, 2002.〔辻原康夫『世界地図から食の歴史を読む方法──料理や食材の伝播に秘められた意外な事実とは？』KAWADE 夢新書、2002年〕

양세울〔ヤン・セウク〕,《짜장면뎐 : 시대를 풍미한 검은 중독의 문화사〔チャジャン麺伝── 一世を風靡した黒い中毒の文化史〕》, 프로네시스, 2011.

이동진〔イ・ドンジン〕,《이동진이 말하는 봉준호의 세계〔イ・ドンジンが語るポン・ジュノの世界〕》, 위즈덤하우스, 2020.

이상용〔イ・サンヨン〕,《봉준호의 영화 언어〔ポン・ジュノの映画言語〕》, 난다, 2021.

조너선 갓셜〔Jonathan Gottschall ／ジョナサン・ゴットシャル〕지음, 노승영 옮김,《스토리텔링 애니멀 : 인간은 왜 그토록 이야기에 빠져드는가〔ストーリーテリング・アニマル──人間はなぜそれほど物語にのめり込むのか〕》, 민음사, 2014.

주성철〔ジュ・ソンチョル〕,《영화를 좋아하는 사람이라면 꼭 알아야 할 70가지〔映画が好きなら必ず知るべき 70 のこと〕》, 소울메이트, 2014.

진중권〔ジン・ジュンクォン〕,《감각의 역사〔感覚の歴史〕》, 창비, 2019.

김영진〔キム・ヨンジン〕,〈'신 전영객잔' 품었던 생각을 끊어버리다〔「新電影客桟」抱いていた思いを断ち切る〕〉,《씨네 21〔シネ 21〕》920, 2013.

양세욱〔ヤン・セウク〕,〈라면, 대한민국 식탁 위의 혁명〔ラーメン、大韓民国の食卓上の革命〕〉,《라면이 바다를 건넌 날〔ラーメンが海を渡る日〕》, 21 세기북스, 2015.

양세욱〔ヤン・セウク〕,〈음식의 플롯, 미각의 미학 : 음식과 미각의 시야로 다시 보는 영화 기생충〔食べ物のプロット、味覚の美学──食べ物と味覚の視点で見直す映画パラサイト〕〉,《영화연구〔映画研究〕》86, 한국영화학회, 2020.

윤웅원〔ユン・ウンウォン〕,〈윤웅원 건축가의 '기생충' 읽기 : 공간의 구조와 이야기의 구조〔建築家ユン・ウンウォンの『パラサイト』読解──空間

の構造と物語の構造]〉,《씨네 21〔シネ 21〕》1210, 2019.

Whitehead, Alfred North, *Process and Reality*, The Free Press, 1929.〔アルフ
　レッド・ノース・ホワイトヘッド『過程と実在〔新装版〕』1 〜 2、平林
　康之訳、みすず書房、2023 年〕
Peterson, Richard A, "Understanding audience segmentation: From elite and
　mass to omnivore and univore", *Poetics* 21(4): 243-258, 1992.
Peterson, Richard A, & Kern, M. Roger, "Changing highbrow taste: From snob
　to omnivore", *American Sociological Review* 61(5), 1996.

2

チェ・キョンウォン

無秩序と秩序の
対比によって表現された
美しさと醜さの美学

映画に溶かし込まれた優れた空間表現

　映画は、みすぼらしい半地下の家に暮らす一家の姿から始まる。貧しい家族の暗澹としたぶざまな暮らしが、ユーモラスかつリアルに描写される。その姿を見ているうちに、自ずとこのどうしようもない家族の一員となり、映画を観るというよりは映画の中へ引き込まれてしまう。そして、一家の住む狭くて息の詰まる空間で一緒に暮らしているような気分になる。これは偶然ではなく、映画の室内空間やさまざまな視覚的要素が物語と同じくらい観客に細かく説明されるためだ。

　詳しく観ると、狭い半地下の空間内の一家をカメラがさまざまな視点からとてもダイナミックに写している。ギテク一家の物語だけを見せるのであれば、固定されたいくつかの視点から撮影すれば十分だ。空間が狭いため、そうやって撮影したほうが遥かに容易だっ

たはずだ。だがこの映画は最初から、狭い空間で暮らすギテク一家の姿をまるで飛び回る蚊の目で見たような非常に多様な視点から詳細に見せる。そして、観客にはあたかも彼らのすぐそばでその状況を見ているように思わせる。そのうち、この家の空間がどうなっているかも自然に頭に入ってくる。後に登場するパク社長宅でも空間性がリアルに描かれ、この映画においては物語と同じくらい空間が大きな比重を占めていることがわかる。

導入部の暗鬱な空間性

最初のシーンは、半地下の居間の窓から見える風景だ。干された靴下とともに始まるこのシーンで、映画を観る人は既に暗澹たる気分に浸ることになる。そこで繰り広げられるギテク一家の荒廃した暮らしとどうしようもない姿は、同様の空気をたっぷり含んだ室内の空間と1つとなって息の詰まる暗鬱な気分を高める。

その過程で、カメラは狭い空間の中を活発に動き回りながら一家の姿をさまざまな視点から捉える。それによって、狭い空間でも一家の暗澹たる状況がダイナミックに、とてもリアルに描写される。同時に、彼らがいかに狭い空間で暮らしているのかも、まるで一緒

暗鬱な雰囲気で始まる最初のシーン

に住んでいるかのように伝わってくる。

　横長の窓がついた居間は最前面に位置し、その後方に狭い廊下と部屋がいくつか連なっている。廊下は狭く長い出入口まで続いており、居間のすぐ後ろにはコーヒーチェーン店の２G Wi-Fi 電波が繋がるトイレがある。トイレの隣に、娘と夫妻の部屋が順に並んでいる。それぞれの空間は１人が快適に生活するにはあまりに狭くて低く、込み入っている。そして、息子の部屋はない。恐らくリビングで寝起きしているのではないかと思われる。家族の人数と合わない家の空間構成が、むさ苦しく劣悪な雰囲気をさらに強調する。そして、トイレと部屋が連なる反対側には押入れのような小さな空間があり、目につくわけではないが乱雑に積まれたがらくたが家の薄汚さを強める。出入口はアルミサッシのドアで、その先に階段がある。だが、階段を上っていくとすぐに開けた空間があるわけではなく、外へ繋がる狭くて暗い路地が現れる。どこまでもむさ苦しい空間でできているのだ。それにしても、その狭く劣悪な空間を単純に

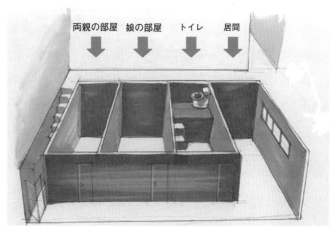

半地下の家の空間構造

パク社長宅の門付近の、すっきりしているが閉鎖的な空間

広い芝生とシンプルな建物からなるパク社長宅の解放的な空間

継ぎ合わされたシーンのみで観客に説明するカメラワークと演出力が実に素晴らしい。それほどこの映画において空間の占める比重が大きいことがわかる。

とにかく、この一家とともに劣悪な半地下で映画の序盤を体験していると、水に顔を浸けて息を止めているかのごとく苦しくなってくる。すぐにでも顔を上げて堪えていた息を吐き出したくなるが、息子のギウが家庭教師として初めてパク社長宅を訪れるシーンからは少し息が通るようになる。

詰まりのない広々とした空間

長く伸びた道沿いの、高い塀に取り囲まれた窮屈な門の前でギウがインターホンを押すまで、息苦しい空間性はそのまま保たれる。違いがあるとすれば、画面ががらくたひとつなく綺麗だということだ。半地下の息苦しさは、このシーンで大きく解消される。しかし、右側の高く長く伸びた塀は城壁のようで、また別の息苦しさを感じさせる。

しかし、ギウが門をくぐり階段を上って目にする広々とした光景はそれまでの息苦しい空間とは完全に異なり、この映画において最もドラマチックだ。ギテク一家が暮らす半地下の息が詰まる暗鬱な空間に苦しめられた観客は、このシーンでとても大きな解放感とともに気持ちよく呼吸できるようになる。その間、カメラはこの家をとりまく広い空間全体をひと通りざっと見せる。綺麗に整った緑豊かな木に囲まれた芝生の前庭が広がり、無駄のないシンプルな形の家が聳え立っている。大きな家だがガラスで開放されており、息苦しさは1つも感じられない。

ギウの後について家の中へ入ると、外と同じくぱっと開けた空間

外の空間とそのまま繋がる建物前面の広いガラス窓の空間

広く開放的なパク社長宅

ミニマルなデザインで詰まりのない開放的なキッチンの空間

が出迎える。建物の中ではあるが、大きく開放的な空間の連続に目も心もこの上なく清々しくなる。

　この家の中で最も印象的なのは、建物前面に開けた幅の広いガラス窓だ。広い芝生と緑豊かな木の庭園が、まるで一幅の絵画のように窓を通して視界に入ってくる。この家を非常に美的かつ超現実的なものにしている部分だ。ギテク一家の暮らす半地下の窓から覗く光景と対比するため、意図的に作った仕掛けと思われる。

　この家の構造は、清々しく開放的な空間と同じくらいシンプルだ。まず１階には壁がなく、すべての空間が開放された状態でつながっている。大きなガラス窓に面した広い空間は、大きなテーブルやソファと合わさってリビングとなる。20名以上が横になってもまったく狭く見えなさそうなほど広い。パク社長ら家族４人だけで使うには少し心許ないようにも思えるが、そのくらい豪奢に見える空間でもある。

　ギウが入ってきた出入口の後方には、大きなキッチンと食卓のある広々とした空間が続いている。この空間を囲む壁はどれも縦や横に開けた部分が多く、窮屈には見えない。どの空間も窮屈で閉鎖的に感じられないようにデザインされているのがわかる。ギテク一家の半地下空間と正反対の空間を見せようという監督の意図が感じられる。

　子供たちとパク社長夫妻の寝室がある２階は映画の中で部分的にしか映らず、全体の空間がしっかり説明されることはない。しかし、２階の空間もやはり非常に広く、開放的かつ清潔である。

　映画に出てくるのは主に１階だけであるため、１階の開放的で広々とした空間性が映画全体を支配する。複数の位置から違った風に映される空間性が、非常に魅力的に描かれる。映画では１階の複数の空間をカメラが移動しながら映すため、観ているうちにまるで

この建物の中を実際に歩き回っているように感じられる。

階級性を暗喩する２つの造形原理
——秩序と無秩序、シンプルさと複雑さ

　この映画を、現代社会が直面する階層間の激しい格差、分配の定義を２家族の関係を通じて巧みに表現していると称賛する人は多い。特に、深刻な社会問題をブラックコメディやサスペンス、ホラーなど多様な映画ジャンルの表現を融合させて非常に面白くかつ奇抜に描いた点を高く評価する。もちろん、すぐれたテーマ選定とそれを並外れたストーリーで表現した点はいくら称賛しても足りないほどで、カンヌ国際映画祭やアカデミー賞を席巻するのもまったくおかしくないように思える。

　しかし、この映画において真に際立っているのは、階層間の不平等というテーマを非言語の造形表現、つまり視覚イメージによって表現する技だ。序盤の息が詰まるような狭苦しい空間は、厳しい生活をおくる人々が直面する困難を視覚を通じて巧みに感じさせる。その反面、いかなる空間の制約もない広くて開放的なパク社長宅は、上流階級の自由で豊かな暮らしを巧妙に印象付ける。相反する性格を持つ空間の対比によって、映画のテーマを高水準で表現している。

　だが、この映画で視覚表現が功を奏すのは空間だけにとどまらない。実際の階級格差や不平等を、単に空間の広さと狭さ、開放性と閉鎖性という量的な違いのみを対比させて表現したのであれば、それほど高い評価を得ることはできなかったはずだ。その程度なら誰でも思いつくからだ。この映画において、階層的不平等は空間の量的な違いを越えて「シンプルさ」と「複雑さ」というもう少し深層

にある造形原理によって深められている。

　この映画における上流階級であるパク社長の空間で、家やその中を満たすさまざまな物、スタンドやキッチン設備、椅子、テーブルなどはどれも直線的・幾何学的な形でデザインされている。装飾的なものは一切見当たらない。いわばあらゆる無駄を省いた形のみで満たされており、そのどれもがまるで規律正しい軍隊のパレードのように寸分の隙もなく列を揃えて並んでいる。どの位置から見ても、ぴんと張った直線の秩序が凍り付いたように強烈に感じられるほどうまく組み合わさっている。

　それに比べ、ギテク一家の住む家や周囲の空間には整った直線がほとんど見当たらない。何もかもがでこぼこで無秩序に見える。この映画の非常に重要な小道具として作用する寿石は、そうしたイメージを最も象徴的に示す。人工的に加工された痕跡がまったくない寿石の自然そのままの形と、半地下の空間を満たす無数のがらくたの乱れた様子は、無秩序の極地を示すと同時に整理されることのない下層民の苦しい生活までも暗示している。物理学的に見るなら、ギテク一家が暮らす空間の造形的エントロピーは爆発寸前のレベルだ。

　ドイツの美術史学者ハインリヒ・ヴェルフリンは、ルネサンス〔クラッシック〕建築とバロック建築を比較して造形芸術に見られる２つの普遍的な傾向を説明した。彼によれば、ルネサンス建築は厳格な比例関係と幾何学的な形態からなる静止状態の美を追求し、バロック建築は躍動感による美しさを追求した。続けて彼は、前者が永遠不変の比例の完璧さを視覚化しようとした一方で、後者は躍動感を視覚化しようとしたと述べる[1]。しかし、こうしたルネサンスとバロック建築の相反する造形性は、実はほぼすべての造形芸術に見られる普遍的な傾向だ。人間は規則的な形態も、自由奔放な形態も

好む。この２つの造形的傾向が互いに陰と陽をなし、今までのあらゆる造形芸術の流れを汲んできたと言っても過言ではない。

　この映画に登場する相反する２つの空間の造形的特徴は、造形芸術や人間の性質に現れる一般的な傾向をそのまま表していると言える。パク社長宅の広く直線的で秩序正しい姿は寸分のずれも許さない厳格な古典主義的傾向を見せ、ギテク一家の狭くて散らかった半地下の家は人為的秩序を回避し生き生きとした躍動感を獲得しようとするバロック的傾向を見せる。

　しかし、この映画における相反する２つの造形的傾向は、それぞれ上流階級と下流階級を代表することで優劣の関係として表現される。

シンプルな形に象徴される上流階級の裕福さ

　この映画における最も平和で幸せな瞬間は、パク社長一家がキャンプへ出かけた後にギテク一家がパク社長宅を占領し、ムングァンが来るまで楽しく過ごす宵の口の時間だ。狭い半地下の空間に最適化されていた一家が広々とした邸宅をすみずみまで堪能して上流階級の空間を楽しむひとときを眺めていると、こちらまで幸福感で満たされる。

　ギウが広い芝生を背景に寝そべって本を読むシーンは下層民の空間を脱出した開放感を感じさせる。また、灰色のすっきりした壁に囲まれた浴室で彫刻作品のようなミニマルな浴槽に浸かるギジョンの姿は、束の間のラグジュアリーな上流階級の暮らしを楽しむ幸福感を感じさせる。何より、装飾のないミニマルな建物の前に広がる芝生で一家が集まって座り、笑い話に花を咲かせるシーンが豊かに見える。たとえ何もなく空っぽだとしても……。

　しかし、そういったシーンをずっと見せられると、自ずと観客は

広い空間やミニマルな形が美しくて良いものであると考えるようになる。一種の美的洗脳だと言えるが、広かったりシンプルだったりするものをそうでないものより美的に優れた高級なものであると見なすようになるのだ。そのように、この映画ではミニマルで開放的なイメージが絶対的に洗練された美しいスタイルとして表現されている。それは、ギウが初めてパク社長宅を訪問するシーンのシナリオにも顕著に現れている。このシーンについての説明は、「見栄を張らない淡白なインテリアと洗練された家具が素敵だ」と書かれている。シンプルなスタイルを美的に優れていると見なす趣向が、シナリオの段階で既に前提となっていることが読み取れる。それは監督やシナリオライターの趣向ではなく、現在私たちの社会で通用している美的センスを反映したものだ。

　実際、パク社長宅に具現化されるすっきりしたモダニズム的・古典主義的なスタイルは、今の時代の韓国人の多くが良いものとして捉えている趣向だ。まず、打放しコンクリートのミニマルで開放的なデザインは、現在韓国の建築家の多くが打ち出しているスタイルと類似している。装飾は一切排除して建物の外形やインテリアをすべて鋭い直線的なイメージのみで作り、コンクリートの壁に広い窓をつけたり小さな穴を空けたりして外の自然を室内空間に引き入れる。すると、コンクリートの壁の殺伐とした印象は緩和され、人工的な壁によってむしろ外の自然がいっそう映えて見える。書店に置かれている建築系雑誌を数ページめくるだけでもよく目にするスタイルだ。

　こうしたスタイルの建築は、日本の建築家・安藤忠雄の影響を受けている。一切の外装を省いて灰色の滑らかなコンクリート壁をそのまま露出させる施工法も安藤が最初に流行させたものであり、壁体のみで空間を構成する建築スタイルも彼の専売特許と言える。特

に、ミニマルな建物の内部へ自然を引き入れる建築方式は、それまでの現代建築ではあまり見られなかったものだ。

ミニマルな建物の形と魅力的な空間が素晴らしい安藤忠雄の建築

安藤忠雄のそうした独特のスタイルはかつて世界的な注目を集め、韓国の建築にも大きな影響を及ぼした。シンプルな形で空間を中心にデザインされた韓国の建築の数々は、安藤忠雄の建築から少なからず恩恵を受けている。もちろん、その現状を20世紀に流行したモダニズムやポストモダニズムのような1つの様式的な流れとして見ることもできる。

　しかし、安藤忠雄の建築はフランスの現代建築家ル・コルビュジェの空間を中心とした建築と日本の古建築の価値が融合した特有のスタイルであり、時代の普遍的な性質というよりは建築家の個性のほうが際立っている。つまり、見かけはシンプルな形の現代建築物のようでも、その奥から安藤忠雄が志向する建築的な価値と精神がオーラのごとく滲み出ているのだ。だが、この映画のパク社長宅には、ただ極度にシンプルで外の景観を機械的に取り入れる表層的な部分以外にいかなる精神性も認めにくい。

　パク社長宅の内部を満たす大きなシンクや陳列棚、それに長いテーブルと椅子、スタンド等も、家と同じくミニマルな形態だ。しかし、やはりシンプルな印象の他にはいかなる理念や精神性も感じがたいのだ。

　家の中で特に目立ち、また画面に頻繁に映り込むのは長いテーブルと椅子だ。ポン・ジュノ監督自らが家具の制作者を探して依頼したことが知られており、建物と同じく最小限のシンプルな形で制作された。日本の禅スタイルを連想させるデザインだ。禅スタイルには日本の禅宗に見られる緊張感に満ちた雰囲気が溶け込んでいる。そのため、21世紀に入ってバウハウスのような機能主義的なシンプルさに代わる新しいミニマルの傾向として世界のデザインの流れに大きな影響を及ぼした。パク社長宅のテーブルや椅子のデザインも、強いて言えばそのような禅スタイルの影響の下にあると言え

ミニマルなテーブルと椅子

る。しかし、「禅」の精神性を正確に把握して表現するのと単に時代の流行として形だけ借用するのは完全に別物だ。

　バウハウスの時代に作られた照明の名作は、今の目で見てもなお素晴らしく洗練されたミニマルなものに映るが、その中には第1次世界大戦の敗戦国であるドイツの経済的に困難な状況が内包されている。経済性と加工のしやすさを考慮し、最小限の材料と加工によって最大限の美しさを表現しようとした努力が丸ごと込められているのだ。そして、この機械的な形の照明の根底には20世紀初頭の造形精神を牽引した幾何学的な造形観が流れている。

家の中を装飾するミニマルなスタンド。
バウハウスで作られた機能的な照明だ

形はシンプルでも、裏にはそのような造形原理や歴史的な文脈など目に見えない価値の数々が秘められており、単にシンプルに見えるだけではないのだ。では、パク社長宅に表現されたミニマルな造形の傾向には、はたしてどのような本質的価値が込められているのだろうか？

シンプルでしかないことの美学的問題点

カーステン・ハリーズは、厳格なシンプルさを追求する古典主義的傾向は混沌として可変的な現状を脱し、世界の中で作用する高次元の秩序を表すことに意味があると述べた。そうした高次元の表現こそが人間の真に根源的なものであるため、重要だという[2]。残念ながら、パク社長宅のミニマルさからはいかなる精神性も感じがたい。もちろん、映画のセットに精神的な価値を求めるのは無理だろうが、これと似た傾向を示す韓国の現代建築の多くにもさほど違いはない。単に広く開放的でミニマルな形式を見せているに過ぎないのだ。

この家を満たすミニマルな家具も同じだ。折り目正しい統一感は際立っているものの、その内にどのような精神が込められているかはあまり感じられない。

ミニマルさでは他の追随を許さない朝鮮時代の四方卓子（四方が開けておりさまざまな用途に使用できる家具）を見ると、直線的なイメージでも余裕があり豊かに映る。その理由を美的側面から分析するのは簡単ではないが、シンプルな四方卓子の構造の内部を何もない空間が満たしていることがまず挙げられる。もう少し簡単に言うなら、私たちが見ているのは四方卓子の形ではなくその豊かな空間なのだ。形には見どころがないが、シンプルな形の内側に無限の空

ミニマルでありつつ無限の空間が感じられる朝鮮時代の四方卓子

間が通じているのを無意識に見ているのだ。さらに、この何もない空間は造形的な趣向の産物ではなく、陰陽が調和をなす太極の宇宙観を表現したものだ。そのため、ミニマルな四方卓子はまったくミニマルには見えない。その中に込められた精神的価値が四方卓子の物理的な範囲を遥かに上回るため、見る者はシンプルな形の家具の奥に見えないオーラを感じるのだ。

　しかし、パク社長宅のミニマルなスタイルからは精神的なオーラが感じられない。物体の外にある根源的な世界への志向はまったく感じられず、それ自体のスタイルにばかり囚われている。あらゆるデザイン要素が寸分の隙もなく、垂直水平を保って厳格に列をなしているに過ぎない。そこに作用しているのは、絶対に乱してはならないという鬼気迫る強迫観念だけである。オーラではなく緊張感が強く感じられるのはそのためだ。

　したがって、幾何学的な造形を志向した20世紀のモダニズム美術やル・コルビュジエのような現代建築家の建築、シャネルあるいはアルマーニといったファッションデザイナーのデザインに感じられた奥深さは見る影もない。造形原理に限って言えば、第2次世界大戦当時ヒトラーのナチスの軍隊が厳格な機械的秩序をなしていたのと同じだ。

　では、そんな緊張感ばかりが強く、精神性を見出しがたいパク社長宅が、現代の目にはなぜ格好よく映るのだろうか？　そして、なぜその家から上流階級の高級感が感じられるのだろうか？

　学者のD・シュナイダーが抽象主義的形式主義（abstract formalism）のナルシシズムについて述べたところによると、絶対的な世界を表現する過程においてシンプルな抽象形態が作られるのは正常だが、実はそうした真理の世界とは関係ない芸術家自身のナルシスティックな世界を作ったのが抽象主義的形式主義だという。そのようなも

張り詰めた秩序を感じさせるナチスの軍隊

のは世界の根源ではなく、芸術家の主観に基づいた代替的な実在に
すぎないと彼は批判する[3]。

　パク社長宅のあらゆるものが織りなす造形的統一性には、中身の
ある目的というよりは寸分のずれも許さない張り詰めた形式的な完
璧主義が窺える。いささか行き過ぎていると思えるほど統一されて
いるが、造形の統一において重要なのは全体を構成する各要素の範
囲だ。パク社長宅の一貫したミニマルスタイルを構成する要素の範
囲は、注意深く見ると建物や物のみに限定されている。その中で暮
らす人間や周りの自然、あるいは塀の外の世界はその統一の範疇外
にある。つまり、家や物、家具のみが厳格に統一されているという
ことは、逆にそこに含まれないものはすべて排除されることを意味
する。その中で暮らす人間さえも……。第1次世界大戦以降バウハ
ウスで本格化した機能主義デザインも、使用する人間までは排除し
なかった。

　完全に独立した秩序をなすパク社長宅のミニマルなスタイルは、
それ自体の造形的統一性を極限まで押し通し、その範疇に入らない
ものは何もかも外へ追いやってしまう。そうやって他のあらゆるも
のを客体化することで、自らは多数の客体に対する主体・主人公と
して君臨する。よって、統一性から追い出された客体は外から仰ぎ
見るしかなくなるのだ。そこにいる人間も同様で、この建物におい
て造形的には客体となり、まるで不純物のように徘徊することにな
る。そうした点において、パク社長宅を満たす造形的特徴はシュナ
イダーの言うナルシスティックな形式主義であると言える。

　カントの美学において初めて提示された概念に「崇高美」という
ものがある。これは力のない客体の身に転落することで生まれる美
的感情で、人間に感知できる限界を越えたとてつもない対象に触れ
たときに覚える絶望感を伴った美学的感興を指す。感覚の抑圧を基

礎とした美であると言える。この崇高美を踏まえてパク社長宅を見ると、そのスタイルが持つ美的特性を正確に把握できる。この家のスタイルは、見る者に正常な美的感情を呼び起こさせるのではなく、見る者をミニマルなスタイルの外へ追いやって心理的な圧迫感を与え、そこで生じる畏敬の念に根差した審美感を行使するのだ。[4]

　ギテク一家の暮らす場所と完全に異なるパク社長宅から感じられる上流階級の崇高美とは、実はそれ自体の優れた造形性によるものではなく、過度に機械的な秩序に対する排他的な畏敬の念、あるいは美的疎外現象の結果なのだ。そうした排他的崇高美は、パク社長宅のミニマルな形態が醸し出す「清潔感」によってさらに極大化する。

厳格な秩序を越え、清潔感という美的感覚へ

　第２次世界大戦直後のアメリカでは、装飾のないミニマルな形の実用主義デザインが流行した。当時、アメリカは戦争直後の焦土と化したヨーロッパを再建せねばならず、また莫大な国内需要の増大にも対応せねばならない状況に置かれていた。そのときに選択できたのは、極力少ない費用で生産して実用性を満たすことが可能なミニマルなスタイルのデザインだった。いわゆる機能主義系統のデザインである。

　しかし、その塵ひとつないすっきりした直線的なスタイルのデザインは、戦争直後の劣悪な社会状況の中で清潔感を象徴して大衆からも大きな注目を集めた。清潔感という物理的な状態が、美的な価値として認識されたのだ。

　造形的な緊張感とあわせて、パク社長宅が持つミニマルなスタイルに欠かせないのがまさしく「清潔感」だ。極限まで単純化された

ミニマルな形が限りなく清潔に見える1950年代アメリカのキッチンデザイン

ギテク一家が授かった寿石

形と直線で統一された秩序整然たるパク社長宅の造形は、どこをとってもきわめて清潔に見える。そのミニマルなスタイルの清潔感は、ギテク一家の暮らす半地下の不潔感との対比によってより極大化し、美的優越感を獲得することになる。

映画の中で、ギテク一家の暮らす空間は狭くて息苦しく無秩序だ。狭くて息苦しいことは空間の欠乏に結びつき、無秩序は不吉さに帰結する。家の中を満たすあらゆるものが無秩序かつ複雑

に散らかっているシーンは、単に乱れて見えるだけでなく不吉な印象さえも呼び起こす。後にギテク一家がパク社長家のリビングにある大きなテーブルの下に隠れ、パク社長夫妻が彼らの匂いについて話すシーンがある。それを聞いていると、まるで映画冒頭の散らかったシーンでカビの匂いを嗅いでいたような気がしてくる。この映画において、造形的な混乱はそのまま不吉さにつながるのだ。

パク社長宅は正反対だ。寸分のずれも許さない整頓された状態は、病院の匂いが感じられるほどに清潔で綺麗に見える。だがいくら綺麗だと言っても、この家の厳格な造形的秩序に寄与しない以上は誰もがこの家の清潔感を損なう汚染源となる他ない。よって、ギウのような部外者は映画が終わる瞬間までパク社長宅に溶け込めず、浮いて見えるのだ。

映画の中の俳優に限ったことではない。見る観客のほうも清潔感とは反対側に立たされてパク社長宅の中へ入れず、最後まで外をうろつき続けることになる。それはやがて、この映画のテーマである階級格差を見る者にきわめて切実に感じさせる。

ともあれ、そうした極度の造形的清潔感によって醸し出されるこの家の視覚的排他性は、究極的に最高にラグジュアリーなイメージへと昇華される。美しい絵を見たり素敵な音楽を聴いたりする際に何の隔たりも感じずにどっぷり浸かるのとはまったく異なる美的感覚だ。

ギテク一家は後にこの家のそうした視覚的な清潔感を模倣するが、結局は匂いのせいで同化できずに終わってしまう。これは、パク社長宅のミニマルな造形性と開放的な空間が高度の美学的価値を志向するのでなく、視覚的な清潔感のみを志向していることを逆説的に物語っている。つまり、この映画で表現される上流階級のラグジュアリーなスタイルは、フランスのバロック様式やロココ様式の

ような優れた造形的価値を持っているわけでもなく、かと言ってピカソやカンディンスキー、クレーの絵画のようなきわめて精神的な抽象性を備えているわけでもない。ただ表面的な清潔感という無菌室めいた物理的な状態のみによって、あたかも奥深い価値があるかのような顔をしているに過ぎない。

２つの相反する造形原理が代表する階級性、そして美しさと醜さ

　消毒剤の匂いがしそうなほど清潔でシンプルに見えるパク社長一家の家、そしてカビの匂いを漂わせるかのように不潔で散らかって見えるギテク一家の半地下は、極端に相反する造形原理として対比される。同時に「豊かさ」と「貧しさ」、「清潔感」と「不潔感」などを象徴し、最終的には階層間の不平等という映画のテーマを造形美学的に表現するに至る。

　しかしここで注目すべきは、ミニマルな上流階級のスタイルは究極的には「美しいもの」で、複雑で無秩序な下層階級のスタイルは「醜いもの」として序列化されるという点。価値中立な造形原理がこの映画では階級性を代弁し、さらには美学的な優劣関係として特徴付けられるのが非常に独特だ。映画の終盤、半地下にあった寿石が直線的ですっきりしたコンクリートの家の中で完全なる暴行と殺害の道具に使われるシーンにその象徴性がよく表れている。不規則で自然な形は、最も暴力的かつ原始的なものに価値を落とすことになるのだ。

　空間も同様だ。前述の通り、この映画においてギテク一家の暮らす半地下の息苦しい空間とパク社長一家の大きく開放的な空間は階級性を代弁するが、見る者はそれを越えて「醜さ」と「美しさ」を受け入れることになる。

例えば、映画序盤の息が詰まるような空間がもたらす苦しさは厳しい生活をおくる人々が直面する困難を視覚的にうまく感じさせるが、それはまったく美しくない姿に映る。狭く息苦しい空間はがらくたであふれ返ってこの上なく散らかって見え、あちこちにあるカビの跡のようなものは非常に不潔に思える。そして、高い場所に「祭られた」便器や半地下の窓から見える酔っぱらいの立小便などはこの閉鎖的な空間を限りなく醜く仕立て上げる。後に豪雨によって半地下が汚水で満たされる最中、茫然自失となった娘のギジョンが便器の上で煙草を吸うシーンでは、醜さのクライマックスとでも言えるものを見せつけてくれる。

　その反面、広く開放的なパク社長宅は非常に美しく映る。パク社長一家がキャンプへ出かけた後、ギテク一家がその広い家のあちこちをのびのびと満喫するシーンを見れば、空間の余裕がきわめて重要な美的価値として作用しているのがわかる。ぱっと開けた余裕のある空間と高度に清潔な佇まいは、この映画における最高の美しさに昇華される。

　このように、この映画では２つの相反する造形的イメージと造形原理が階級性を代弁するだけでなく、それぞれが美しさと醜さを代弁する域まで達している。しかし、これは映画の中だけに見られる原理ではなく、現在私たちが暮らす社会全般の美的趣向であるというところに大きな問題がある。

美しさと醜さに対する先入観と世界的な傾向

　観客の多くが『パラサイト』で表現される造形的傾向に大いに共感することから、この映画で描かれる美醜の造形的二分法を現在の私たちの社会で一般化された審美的趣向と見なすことにはさして無

理がないように思える。映画の中と同じように、韓国人の多くは広い空間やシンプルな形をより美しいものと見なす。その反面、狭く無秩序なものは美しくないと捉えている。それは時代的な趣向なのかもしれず、当然ながらどの時代も特有の美的趣向を貫いて流れてゆく。しかし、そうした時代的な趣向を認めるとしても、形態の表面的な特徴のみによって美的価値を判断し美醜の問題を断定するのは甚だしい美学的偏見であり、また暴力でもある。

　内的価値に関する認識や議論もなく、ただミニマルで清潔に見える形式的な特徴ばかりが現在の韓国社会で格調高い美しさとして受け入れられる。これは問題が多い上に、世界的な美的趣向の流れからも相当に外れている。最近の世界的なデザインの流れは、パク社長宅に見られる秩序整然としたミニマルなスタイルとは正反対の方向にある。

　例えば、フランスのデザイナーであるパトリック・ジュアンの「ソリッド（Solid）」という椅子がある。これはパク社長宅に見られる機械的秩序を完全に破壊した作品だ。椅子としての確固たる体を成さない、比類なく複雑な形に戸惑うほどだ。20世紀の機能主義デザイン時代ならば決して通用しない形だが、今やこのような無秩序極まりないデザインがいかなる秩序整然とした形態よりも印象的かつ魅力的に感じられる。最近の世界的なデザインはそのような流れが牽引しており、造形原理としてはむしろギテク一家の半地下空間に描かれる造形論理のほうに近い。

　実際、パク社長宅のミニマルで厳格な秩序を追求した機械美学的なデザインは、世界のデザイン史を見ればかなり古いスタイルだ。その傾向が本格的に世界に登場したのは、第1次世界大戦直後のドイツのバウハウスにおいてだった。終戦直後の社会は、機能的かつ経済的で清潔なスタイルのデザインを求めた。装飾的あるいは付加

パトリック・ジュアンの椅子「ソリッド」

ミニマルなスタイルの出発点となったバウハウスの機能主義デザイン

価値的なデザインは夢のまた夢だったというのが正確だろう。

　そうしたスタイルは、前述の通り第2次世界大戦以降に生じた社会状況によってアメリカに移って大きく発展した。そして世界的な傾向として伝播することになり、韓国には1960年代より本格的にアメリカのミニマルなデザイン傾向が流入する。

　しかし、その頃のミニマルなスタイルは私たちにとって単に1つのスタイルではなく、先進国のスタイルとして受け入れられた。よって、そのスタイルは今でも私たちの社会においてきわめて友好的に扱われている。

　そうした国内の状況とは異なり、ミニマルなスタイルは戦争の爪痕が癒える時期に差し掛かるとその美学的な力を失い始める。1980年代にポストモダニズムデザインが登場してからは凄まじい批判を受けて急速に下り坂となり、個性豊かなポストモダンスタイルがその座を奪った。

　アレッサンドロ・メンディーニのデザインを見ればわかるように、ポストモダニズムデザインはもはや形や色、構造などを節制することなく、デザイナーの豊かな個性を惜しみなく表現した。ミニマルなデザインの味気無さに飽きた大衆は、その個性豊かなデザインを熱烈に好んだ。それ以降、世界のデザイン傾向は造形的にますます豊かになり、概念的にも多様なアプローチが生まれた。ミニマルスタイルは一部のデザイナーによって生き延びたが、21世紀に差し掛かると完全に隅に追いやられることになる。

　今や、ミニマルとは正反対の無秩序な形のデザインが大衆の歓迎を受けて主流を占めている。無秩序で不規則なスタイルの時代だ。その流れは、おおよそ1990年代末のフランク・ゲーリーの建築から本格的に始まったと言える。

　1998年にスペインのビルバオにフランク・ゲーリー設計のグッ

1958年頃アメリカから実用主義デザインを最初に導入した
ミン・チョルホンのミニマルなデザイン

ポストモダニズムデザイン運動の先駆者だったアレッサンドロ・メンディーニの
「プルーストの安楽椅子」

ゲンハイム美術館ができて以降、世界の建築やデザインの流れは急激に無秩序の美しさを追求するようになる。それは審美的原則の崩壊、あるいは秩序感の退行によるものではなく、「自然」を志向したためだ。

非人間的なもの、すなわち自然は、脅威的であったり無秩序に感じられたりもするが、それは人間の次元を超越した状態として感知される。そう述べた美学者のミケル・デュフレンヌの見解を参照すると、フランク・ゲーリーの建築がなぜ意図的に不規則性を追求したのかがよくわかる。そして、以降の世界のデザインがなぜフランク・ゲーリーの美的傾向に追従したかも理解できる。今は厳格な機械的秩序や清潔感を追求する時代ではなく、「自然」を志向する時代ということだ。

その点において、パク社長宅の硬直した清潔なだけの造形性がいまだに上流階級のスタイルとして、高級な美しさとして受け入れられる私たちの社会の美的趣向は、相当にガラパゴス的であるように思える。実際、私たちの社会は初期に輸入されたミニマルな機能主義デザインの傾向をまだ一度も抜け出たことがない。1960年代以降、今まで韓国の建築デザインはシンプルな機能主義ばかりを志向し続けてきた。1980年代に世界のデザインがポストモダニズムの激烈な流れに飲み込まれた時期も、1990年代に入って脱構築主義デザインが主流になった時期も、私たちの社会はさして影響を受けなかった。ただミニマルな機能主義スタイルを追求し続けていたのだ。

世界的にミニマルスタイルを好むようになったのは、1900年にオーストリアの建築家アドルフ・ロースが『装飾と犯罪』という雑誌で「装飾は美的退行と経済的損失を呼び起こす犯罪」であると釘を刺したのがきっかけだった。その造形に対する見解は、バウハウ

アメリカの建築家フランク・ゲーリーが設計したグッゲンハイム美術館

スを中心に具現化されたドイツの機能主義デザインが誕生する原動力となる。そして、バウハウスの第4代校長を歴任し、第2次世界大戦以降アメリカの機能主義建築を牽引した建築家ルートヴィヒ・ミース・ファン・デル・ローエは「少ないほうが豊かである（Less is More）」という有名な言葉を残し、ミニマルな形の美的優越性を確固たるものにした。そうした見解を基に、抑制の効いた幾何学的な形を志向する機能的なデザインは20世紀全体を通してモダニズムの名で世界のデザインを主導した。その背後には、2度にわたる世界大戦という未曾有の事態が作用していた。

　前述の通り、そのようなデザインの傾向は1960〜70年代に韓国の産業化が始まった時期にアメリカから導入されるようになった。その頃から、私たちの社会はミニマルで機械的な形が美しいという美的趣向に染まっていった。そして、それは1990年まで私た

ミニマルな機能主義スタイル
を代表するミース・ファン・
デル・ローエの「シーグラム
（Seagram）・ビルディング」

ちの社会を圧倒的に主導したのだ。ポストモダニズムや脱構築主義の影響をほとんど受けなかったのは、1990年まで韓国が産業化のみを追求する開発途上国だったためだ。社会全体が産業化という1つの目的に向かっていたことで、産業よりも文化的価値を志向するデザインの傾向が定着する余裕がなかったのだ。代わりに、産業化に由来するミニマルスタイルが名前だけ変えて入れ替わっている。日本の禅スタイルやAppleのミニマルデザインなどがその都度輸血されながら、ミニマルスタイルの流れは21世紀に入ってからも生き延びてきた。

　特に2010年頃、北欧のミニマルスタイルの流行に伴って私たちの社会のミニマルスタイル選好はさらに延命することになる。IKEAに代表される北欧風デザインは機能性に自然素材が加わって韓国の大衆の目に魅力的に映り、1つの巨大な流行となった。

　しかしその頃、世界のデザインの流れはマティアス・ベングトソンの椅子「グロース（Growth）」のような無秩序で生命感あふれるデザインが主流となりつつあった。彼は、自然のように成長する人工宇宙を作り出すべくそのようなデザインをしたと言う。デザインの流れが単に機能的だとか見かけがよいだとかいったレベルを超えて、「自然」という価値を実現する段階に至っているのがわかる。

　片や、北欧のミニマルなスタイルが流行する中で、私たちの社会では日本の無印良品やユニクロなどのブランド、それに安藤忠雄のような建築家のスタイルが加わってシンプルな形への社会的趣向がますます強まっていく。映画の中で上流階級のスタイルとして表現されるほどまでに至ったのだ。しかし問題なのは、そうしたミニマルな造形スタイルが、内在する高水準の美的価値ではなく前述のような「厳格な排他的秩序性」あるいは「清潔感」といった表層的な形式によってその地位を手にしていることだ。何より、そうした趣

日本のデザイングループnendoのミニマルな禅スタイルデザイン

ミニマルでありつつ親近感を抱かせる
北欧スタイルのデザイン

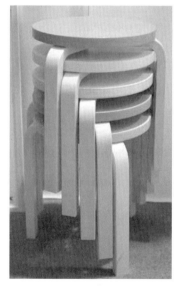

マティアス・ベングトソンの椅子
「グロース」

向がヒューマニズムを土台に環境問題を解決し自然の持つ性質を追求する世界のデザインの流れ、美的趣向の変化とは異なる方向を向いているというのは大いに問題である。

普遍的な審美性へ

1789年にフランス革命が起きたとき、革命軍は貴族や王族にのみ出入りが許されていたルーブル美術館を一般市民に開放した。美を好む傾向が特定の階層や階級だけにあるはずはなく、むしろ重要なのは審美眼の水準だという事実をよく示している。

映画『パラサイト』が上流階級と下流階級の貧富の差という社会問題を住宅の形態やインテリアのスタイルによって隠喩し、視覚的にも表現したのは実に素晴らしかった。しかし、この映画を観た後は気持ちが穏やかではなかった。階層間の不平等といった映画のテーマが理由ではない。映画の中で表現される韓国の上流階級の美的趣向がたかだかそのレベルだということが、国際的に知れ渡ってしまったような気がしたからだ。

パク社長宅のミニマルなスタイルは、作品における痛烈な視覚的風刺であり、テーマを表現する上で最適な造形上の選択だった。しかし、映画の中で表現されたそのスタイルが監督の手で映像として誇張され隠喩となった形ではなく、私たちの社会のリアルな美的趣向だという点が問題だ。

個人の美的趣向に関してとやかく言うことはできないが、現象として現れる社会的趣向や時代精神に関することとなれば批評による分析と評価が必要だ。そうした過程を経て社会の審美的水準が高まり、新しい形の文化として発展するのが一般的だ。

その点において、私たちの社会を支配するミニマルな美的趣向の

価値の貧弱さに関しては相当に辛辣な批評が求められ、それを超える価値、この時代に志向するに相応しい高度な美学的価値を確立するには多大な研究と努力が必要になる。

　しかしながら、映画『パラサイト』を観た上でもそうしたスタイルに対する批判や評価はなく、むしろその審美的趣向を追認している状況が大いに遺憾である。この映画のテーマが階層間の不平等だとするなら、結局は上流階級のミニマルで清潔なスタイルの恩恵を下流階級にも公正に分け与えるべきだと言っているのではないか。そのせいか、最近の韓国で生産される電化製品やインテリア、ファッションなどはほとんどそのようなミニマルスタイルを過度に志向しているように思える。その上、テレビ番組でも家の中を片付けるという名目で清潔でミニマルな無菌室めいたスタイルを一方的に追従している。これは明らかに美の画一化現象であり、内容を伴った趣向の流れではない。その上、今の時代の傾向とは違う方向を向いている。

　映画『パラサイト』は私たちの暮らす世界が直面している普遍的な問題を扱って世界的な関心を呼んだが、一方では私たちの社会で受け入れられている審美的趣向に関して深く反省を促している。この映画で描かれる上流階級の形式的なミニマリズム傾向は、一日も早く美学的な評価を受けなければならない。そして、「自然」へと向かいつつある世界のデザインの流れの理解も韓国の文化にとって喫緊の課題であるように思える。ある時代を主導した美的趣向は、常にその時代が直面した問題を解決する方向へ進んだ。その点において、スタイルの形式にばかり囚われている私たちの美的趣向は間違いなく改善する必要がある。意図したものではないだろうが、映画『パラサイト』はそういった意味で多くの示唆を与えてくれる。

註

(1) 「すべてのクラシック建築は在るがままのものの中に美を求める。バロックの美は運動の美である。「純粋」な形はクラシック建築にその故郷をもち、人は永遠に通用する比例の完璧さに対して可視的形態を与えようとする。バロックでは、完成された存在の価値は、息づく生命の表象の前でしぼんでしまう」。하인리히 뵐프린 지음, 박지형 옮김,《미술사의 기초 개념》, 시공사, 103 쪽.〔ハインリヒ・ヴェルフリン『美術史の基礎概念——近世美術における様式発展の問題』海津忠雄訳、慶應義塾大学出版会、2000 年、98-98 頁〕

(2) 「できるかぎり感覚的なものを否定することによって、芸術家は、現世の混乱と変わりやすさから解き放たれた、より高い秩序を持った美を開示しなければならない。かかる高次の美を認識することは、まさに、それが同時に人間のまことの原郷の認識であるゆえに重要なのである」。K. 해리스 지음, 오병남・최연희 옮김, 현대미술 : 그 철학적 의미》, 서광사, 1988, 21 쪽.〔K・ハリーズ『現代芸術への思索——その哲学的解釈』成川武夫訳、玉川大学出版部、1976 年、20 頁〕

(3) K. 해리스 지음, 오병남・최연희 옮김,《현대미술 : 그 철학적 의미》, 서광사, 1988, 116-117 쪽.〔K・ハリーズ『現代芸術への思索——その哲学的解釈』成川武夫訳、玉川大学出版部、1976 年〕

(4) 먼로 C. 비어슬리〔モンロー・C・ビアズリー〕지음, 이성훈・안원현 옮김,《미학사〔美学史〕》, 이론과실천, 1988, 253 쪽.

(5) 미켈 뒤프렌〔ミケル・デュフレンヌ〕지음, 김채현 옮김,《미적 체험의 현상학〔美的体験の現象学〕》상, 이화여대 출판부, 1996, 166 쪽.

(6) Charlotte & Peter Fiell 지음, 이경창・조순익 옮김,《디자인의 역사〔デザインの歴史〕》, 시공문화사 (spacetime), 2015, 224-225 쪽.

3

キム・ヨンフン

映画『パラサイト』にみる
感覚のディテールと
韓国の特殊性[1]

『スノーピアサー』（2014）と『オクジャ』（2017）の公開以降、ポン・ジュノ監督は既に韓国の映画監督の中で最もグローバルな存在になっていた。『パラサイト』の数々の映画祭での受賞記録に加え、ポン・ジュノ監督がアカデミー監督賞を受賞したことで、彼に対する評論はその功績に見合った巨匠クラスのものになっているようだ。言うまでもなく、『パラサイト』に関する国内外の論文や書籍の数はこれまでの記録を塗り替えている。ポン・ジュノの非凡な生い立ち（小説家のパク・テウォンが母方の祖父だという事実）はもちろん、韓国映画アカデミーの卒業制作だった『支離滅裂』から『パラサイト』の前作『オクジャ』に至るまで、作品ばかりか人生の足跡すべてが知れ渡るほど議論が縦横無尽に展開している。延世大学在学中に学内新聞『延世春秋』に掲載された監督本人の手による４コマ漫画さえ、のちに確立する映画文法のための実験や準備段階のものとして再評価されている。そうした数多くの言説の中で、ポ

ン・ジュノ監督の特徴を最もよく言い表した表現が「ポンテール」⁽⁴⁾
だ。

　カンヌ国際映画祭でパルムドールを受賞しても、ポン・ジュノ監督は「韓国の観客だけが身に染みて理解できるディテールがあるため、受賞の可能性は低い」と述べた⁽⁵⁾。ここで言う受賞とは、アメリカのアカデミー会員が選考するオスカーのことだ。しかし、なんと『パラサイト』は作品賞をはじめ４部門でオスカーを獲得し、その後途切れることなく記者会見が続けられた。韓国の観客にしか理解できないと予想されていたディテールは、むしろ「最も韓国らしいからこそ全世界を魅了できたのではないか」という監督本人による再評価に繋がった。

　本稿ではこの監督自らの発言を出発点として、関連する核心的な問いを扱う。監督の「韓国らしいディテールとは何か」そして「そのディテールから読み取れる韓国の特殊性とは何か」という問いは避けて通れないだろう。「韓国の観客だけが身に染みて理解できる」そのディテールをポン・ジュノ監督自らひとつひとつ明かすことはしていないが、『パラサイト』は「韓国らしい」要素に満ちあふれている。後ほどもう少し深く論じることになるが、半地下という空間にはじまり、大学入試のための家庭教師、その中に隠されたあからさまな学閥主義、「独島はわが領土」を替え歌にしたギジョンの台詞として有名な「イリノイシカゴ」に込められた韓国のアメリカ留学の伝統〔韓国ではアメリカの大学への留学率が高く、留学生の多くが富裕層である〕に至るまでさまざまだ。それだけではない。浸水から避難した人々が体育館で過ごす姿は、外国人には理解しづらい韓国で災害が発生した際の日常風景だ。半地下で暮らすギテクと地下に落ちぶれたグンセは２人とも起業して倒産したという共通点を持つが、韓国で一世を風靡した台湾カステラ事業とそれが持つ意味

を理解できる海外の観客はごく僅かだろう。パク社長宅の地下室が北朝鮮の攻撃に備えた一種のシェルターとして作られた点や、ムングァンが北朝鮮のアナウンサーの真似をするシーンは、それこそ北と対峙する韓国の特殊な状況を非常によく表す一例だろう。

『パラサイト』のヒットは、ローカルの特殊性が全世界の観客にとって普遍的なコンテクストと繋がりを持ち得た場合の可能性を示す事例だろう。だとすれば、韓国のコンテクストでしか読み取れないはずの特殊性はいかにして海外の観客に理解され、世界を魅了するに至ったのか。この問題は、『パラサイト』のヒットに関して最も重要な問いとなるはずだ。理解不能だからこそ魅了されたのだと主張するのでなければ、どのように解釈できたのかを問わざるを得ないからだ。世界を虜にした「韓国らしい」特殊性とは何かという議論の核心を解き明かすため、作品の内部へ入り込む必要がある。アカデミー賞授賞式で外国語映画の字幕を「1インチ」の壁と称したポン・ジュノ監督は、自信を持って視聴者をその壁の向こうにある別世界へと招待する。字幕の後ろに隠れた無数のローカル性の饗宴とは、イメージの外にある実在の世界を指す。今や古典となった本『映画とは何か』の中でアンドレ・バザンが投げかけたのは、フレームの中の映画と同じくその外にある実在に関する問いでもあった。『パラサイト』は、映画の内と外の両方に見られるローカルの特殊性とその多様性をどう評価するかという人類学的な問いを投げかけているというわけだ。何より、『パラサイト』はきわめて感覚的な映画に思える。あらゆる映画が感覚的な側面を活用しているのは当然だが、『パラサイト』の感覚的なディテールは何も感じない人間の一家との出会いによって特別な効果をもたらす。さまざまな感覚的要素を活用した映画の力が、その対極にある何も感じない人間を見せることで緊張感を持つのだ。本稿では、そうした問題意識

を背景に『パラサイト』から読み取れる感覚的要素をひとつひとつ探り、それらの要素が示す特殊性を明らかにする。感覚のプリミティブな力の普遍性をベースに特殊なコンテクストが共存していることが、『パラサイト』の持つ力ではないかと考える。この映画では、最初のシーンから既に感覚的なディテールの饗宴が始まっている。

匂いが線を越える

半地下の内部、地面の高さの天井に接する窓の前で一家の靴下が回転ハンガーにぶら下がっている。漂白剤が足りないのか、靴下は洗った後も灰色でよれよれだ。陽射しを十分に浴びられない生乾きの靴下から、水の腐った匂いが漂ってきそうだ。風通しが悪く陽射しもない梅雨の時期にはなおさらだろうという体感は、ポン・ジュノ監督の言うとおり住んだことがない限り半地下の存在を知っていても実感しにくいはずだ。映画の導入部で携帯電話のWi-Fi電波を捕まえるべく家のあちこちを彷徨う兄妹の動線は、半地下の家族の空間を案内してくれる。ギウとギジョンがたどり着く無料Wi-Fiスポットは、便器の真ん前の空間だ。やがて半地下の窓から消毒剤の煙が入ってきて、家族全員ごほごほ咳込みながらピザの箱を組み立て続ける。鼻を刺すような消毒剤の匂いが半地下を通過し、スクリーンの外まで立ち込めてくるかのようだ。観客が鼻をくんくん鳴らしはじめ、画面の中の一家から漂う匂いは本格的に映画のディテールとなる。

『パラサイト』を観た多くの観客にとって、この映画における匂いの重要度の比重はもはや言うまでもない。[6] 宿主に害を及ぼさないことが寄生虫の基本生存戦略なら、ギテクがそれに背いて自分と家

族が寄生していた宿主一家の家父長（ドンイク）を殺すのも匂いが原因だからだ。映画の終わりに向かうシーンでパク社長に刃物を振り下ろすギテクが殺意を抱くきっかけは、まさに匂いだった。地下の世界に4年間閉じ込められていたグンセから漂う体臭を嗅いで嫌悪感を露わにするパク社長の姿を見た瞬間、それまでいかなる侮辱や侮蔑にも動じなかったギテクが爆発してしまう。越えてはならない線をついに越えてしまうのだ。その爆発は誰にも予想できなかった一瞬の出来事だが、実は映画のナラティブの中で着々と継続的に積み重なっていた。

　匂いが最初に言及されるのは、登場人物の中で最年少のダソン（10歳）の台詞によってである。鼻をくんくんさせて匂いを嗅いだダソンは、チュンスクだけでなくギテクやジェシカ（ギジョン）からも同じ匂いがすることに気づく。大人たちは気まずそうに笑ってうやむやにするが、ダソンの嗅覚はギテク一家が対策会議を開かなければならないほど深刻な脅威となる。ダソンが匂いに気づいたのが単に10歳の子供の純粋な驚きだったとすれば、その後両親のドンイクとヨンギョにとってギテクの体臭は匂いの階級制へと拡張し、深化する。

　#96　裕福な家のリビング
　（リビングのロマンチックな雰囲気が熟してきたタイミングで）
　ドンイク：ちょっと待って……。（クンクン）どこかから、あの……
　　　　　　匂うな……。
　ヨンギョ：え？
　ドンイク：キム運転手の匂い。
　ヨンギョ：キム運転手？　ほんとに？（クンクン）しないと思うけ
　　　　　　ど……。
　（鼻を鳴らすドンイクとヨンギョ。テーブルの下のギテク、緊張しな

　　　　がら自分のＴシャツの匂いを確認する）
　　ドンイク：君はそもそもあいつの匂いを知らないだろう？　俺は後部
　　　　　　　座席で毎日嗅いでるから……。
　　ヨンギョ：イヤな匂い？
　　ドンイク：うん、悪臭ってほどじゃなくて、ほんの微かに車の中に
　　　　　　　広がる匂いなんだけど……何て言うか……。
　　ヨンギョ：加齢臭？
　　ドンイク：何だろう……古くなった切り干し大根？　いや、布巾を
　　　　　　　煮沸するときの匂い？

　ドンイクは、毎日後部座席で嗅がされるキム運転手の匂いを「古
くなった切り干し大根」、「布巾を煮沸するとき」に出る匂いに喩え
る。キム運転手からするというその匂いに関するドンイクとヨン
ギョの会話が続き、切り干し大根や布巾の匂いは最終的に地下鉄
に乗る人たち特有の匂いにまとめられる。単なる切り干し大根や地
下鉄の匂いではなく、地下鉄に乗る人たちの匂いと表現されたこと
で、２人のスタンスが意味するものは特定の人たちに苦痛を与える
「匂いの階級論」になってしまう。ベンツの後部座席まで漂ってく
るキム運転手の匂いは、越えてはならない境界線を侵害するものと
していよいよドンイクの神経に障るのだ。そうした匂いと階級間の
境界をめぐる神経戦は、ギジョンが車の中で下着を故意に脱ぎ捨て
る事件でも描かれる。

　　ヨンギョ：これって一種の変態？　主人の車でセックスするのが興
　　　　　　　奮するみたいな？　（ドンイクの表情を窺って）ああ、ご
　　　　　　　めん……。ほんと、そんな人だとは思わなかった……。
　　ドンイク：いや、若い奴がプライベートで女と何をしようと勝手だ
　　　　　　　し俺は関係ないけど、よりによって俺の車で……。それ

に、やるとしても前の座席でやるだろ、どうして線を越えるんだ？　俺の座る場所に精液をこぼさなきゃ気が済まないのか？

半地下対半地上

　韓国以外には「半地下」という空間も表現もない。その事実を韓国の観客が知ったのもオスカー受賞のおかげかもしれない。『パラサイト』の英語字幕に携わったダーシー・パケによれば、半地下をどう訳すかという時点で「韓国らしい」特殊性の問題、あるいは誘惑が顔を出す。[7]1970年代、北朝鮮の奇襲攻撃時にシェルターとして活用できるとの名目で建物の地下を作ることが許可された事実は、世界の人々はもちろん韓国人にもあまり知られていなかった。地下は急増する都心移住者を収容すべく、苦肉の策として別の進化を遂げることになる。地下には人が住めないが、半分ほど地上に顔

半地下の窓の外を見つめるギテク

を出していれば住居にできるということで、文字通り「半地下」となったのだ。ユン・ヒョンジュンによれば、半地下の歴史における曲がり角は他にもある。2001年にソウルを襲った洪水が多大な被害をもたらした際、復旧過程で統計上把握されていなかったソウル市内の半地下やそこで暮らす住民が徐々に私たちの意識に上るようになった。[8]

　登場人物のギテク、チュンスク、ギジョン、ギウの暮らす半地下とパク社長一家の住む地上の邸宅、そして窓すらない地下に住む（あるいは自ら閉じ籠った）グンセの空間によって、私たちの世界は３等分される。この垂直の空間は、韓国はもちろん世界中の人々に広く認識される階級・階層構造をきわめて効果的に象徴している。垂直方向の象徴は必然的に水平の空間同士を繋ぐ階段が前提となり、その階段を絶えず行き交う登場人物たちを追って映画は展開する。

　半地下を脱け出したギジョンの動線、初めてパク社長の邸宅に立ち入るギウの動線にも、階段は非常に重要な空間的暗示を与えている。もちろん、その空間的暗示は文字通り社会の階級を可視化する最も露骨な仕掛けということになる。地下に隠れて暮らしていたグンセの空間にも、秘密の扉が開くと闇の世界へ下降する階段が用意されている。３つの家族・階級は階段によってのみ繋がっており、最終的に自らの領域・境界線を越えた途端に危機に瀕して破局を迎えることになる。ギウが巨大な門をくぐって階段を上り切った瞬間、広い庭園と邸宅に日光が降り注ぐ。ギウが感じたであろう眩暈は、観客にもそのまま体感として伝わる。半地下の世界では感じられない高みの世界、誰にも邪魔されない開けた水平の世界がパク社長の空間であり、結局ギウは自分の家族全員を１人ずつこの場所へ侵入させる。こうして階段を上って上向き始めた半地下の人々だっ

たが、その破局もやはり階段を下へ転がり落ちることで締めくくられる。パク社長一家の留守中に起きた予想外の騒動をかろうじて切り抜けたギテク、ギウとギジョン兄妹は、ほうほうの体でパク社長宅を出て果てしなく下降する。突然の豪雨に全身を濡らし疲れ果てた彼らが下る道は、どれも階段になっていた。カンヌ国際映画祭授賞式でのインタビューで、ポン・ジュノ監督は『パラサイト』はひと言で言うなら「階段シネマ」だと述べた。実際、撮影期間にスタッフと冗談めかしてそう呼んでいたというが、この映画の階段がキム・ギヨン監督の『下女』に登場する階段と深い関係がある事実を監督本人が明かしたこともある。[9]

　こうして見ると、階段の上り下りを繰り返す登場人物たちの動きがストーリー展開と合致し、観客も一緒にナラティブの力学を体感することになる。視覚デザインとストーリーテリングの連関を読み解くクォン・スンテの分析は、その点をきわめて詳細に明らかにする。[10]視覚芸術としての映画内の空間構成はいかなる映画にも欠かせないものだが、『パラサイト』における空間構造とナラティブの一致は非常に特別なものに思える。実際、そうした空間構成の意図を効果的に伝えるため、事前の作業はもちろん撮影中も緻密な過程を踏んだことがよく知られている。映画に登場する階段はどれも幅や高さを変えてデザインし、実在の階段で撮影する場合も特殊な基準に沿って選んだという。パク社長宅を脱出したギテク一家が半地下に帰り着くまで下り続けたソウルの階段は、もはや映画の内と外の空間の区別を忘れさせるほど繋がっている。

韓牛とチャパグリ

　先ほど「半地下」という言葉を英訳する際の難しさについて言及

したが、同じく「チャパグリ」も翻訳が容易ではない言語的ディテールだ。それ自体がそもそも「チャパゲティ」と「ノグリ」という２つのインスタントラーメンを合体させたもので、正確にはチャジャン麺とうどんの味を麺とスープで合成した複雑な味覚の記号をベースにしている。それぞれ異なる味を合わせて新たな味を生み出すのは、さほど理解しがたいことでも特別なことでもない。しかし、そこに韓牛を合わせるとなれば単に味覚だけの問題ではなくなる。チャジャン麺とうどんにただの肉の塊ではなく韓牛（のサーロイン）が加わると、きわめて特殊な味覚体験をもたらす。その組み合わせと構成は単に実験的な探求心によるものかもしれないが、重要なのは韓牛が加味する文化的地位を読み取ることだ。時間と余裕のない人間が求めるインスタント食品は多くの国で見られるが、チャパグリと韓牛はそう簡単に組み合わさるものではない。

　チャパグリを包むベールを１枚ずつ剝がしてみよう。「チャパ」はチャパゲティから取ったもので、これはスパゲティを捩った名前のインスタントチャジャン麺だ。韓国に定住した華僑が作り始めたチャジャン麺の起源は中華料理にあるが、もはや韓国人が最も愛好する韓国料理となって久しい。チャパゲティに同じくインスタント麺のノグリを混ぜて食べるチャパグリは、韓牛との出会いによって新たな風格を纏うことになる。チャパゲティとノグリは韓国人ならおおよそ慣れ親しんだ味で、インスタント麺同士を混ぜるのも珍しいことではない。だが、そこに韓牛のサーロインをのせた途端に別の意味合いが加味される。サーロインは味の好み以前に牛肉の高級部位を意味するもので、韓国人の食卓では一種の贅沢品である。実際、サーロインがどういう意味なのか、またその味がどういうものなのか正確にわかる人もさほど多くないと思われるほど、日常的に消費されているとは言いがたい部位だ。価格だけを比べてもインス

タント麺とは釣り合わない。だとすれば、そのミスマッチな組み合わせがなぜパク社長家のメニューにあるのかと問わざるを得ない。

　『パラサイト』だけでなく、ポン・ジュノ監督のこれまでの作品にも肉は頻繁に登場する。『ほえる犬は噛まない』や『殺人の追憶』でも鉄板の上で肉が焼かれていた。『スノーピアサー』では上流階級にステーキ、最後尾の人々にはプロテインブロックが提供された。長らく肉の消費が日常的ではなかった階層にとって、肉の中でも特に韓牛を買って食べることは単なる味覚の次元を超え、社会心理的な欲望を充足させる一種のイベントだった。パク社長家への侵入に成功したギテク一家が幸運の象徴たる寿石を真ん中に鎮座させた食卓で焼くのも、カルビとマツタケだった。サムギョプサル、ホルモン、牛肉、「１＋」、「１＋＋」〔１＋などは韓牛の等級〕。韓国人の焼肉パーティーには等級がある。韓国において、韓牛のカルビやマツタケは成功のアイコンだ。

　そもそも、ギテク一家にとってサーロインをのせたチャパグリなど想像もつかない斬新な味であり、彼らの現実では許されないメニューだ。インスタント麺にサーロインが追加されることで、『パラサイト』のチャパグリはいわば「一線を越えた」、つまりパク社長家の嗜好品となったのだ。

捻じれた音楽

　先述の階段と匂いに焦点を当てて『パラサイト』の特性を語る人は多いが、それに気を取られるとこの映画で音楽が非常に大きな比重を占めていることを見逃しがちだ。その点は特に、映画賞を総なめにする中でポン・ジュノ監督はもちろん撮影監督や音楽監督へのインタビューが各種メディアに掲載されて知られるようになった。

音楽監督チョン・ジェイルによる下準備や編集過程で完成した音響の選択ひとつとっても、隠されたディテールの力を感じさせられる。中でも代表的なのは8分近くあるシークエンスを引き立てる音響の力で、観る者の聴覚を引きつけてやまない。いわゆる「信頼のベルト」シークエンスと呼ばれるシーン #29 ～ #32 の音響的密度は要注目だ。自らの地位を確かなものにしたギジョンが、運転手のミニョクを追い出してギテクをその座に据えようと企てる部分である。

　脚本にそのまま書かれているように、テーマ曲「信頼のベルト」の旋律が流れる中で「モンタージュ・シークエンス」が始まる。このテーマ曲の基本となる旋律はバロック音楽を思わせるクラシックのトーンだ。しかし、チョン・ジェイルが説明したとおり非常に多様な音響要素が入っており、まるで先述したサーロインのせチャパグリのようにも感じられる。チョン・ジェイルははっきり捉えられない低音をいくつも混ぜ、シーン内の登場人物たちが感じる圧迫感を増大させる。サーロインのようなクラシックのトーンにインスタント麺のような単発的な音響効果が配置されることで、非常に捻じれた感触の音楽的シークエンスができあがる。実際、以前共同作業を行った際にポン・ジュノ監督の音楽的趣向を見抜いたチョン・ジェイルは、「優雅でありつつトロットのような」という基準を設けて作業に臨んだという。その捻じれた音の美学は、水が押し寄せる洪水のシーンにもよく表れている。画面内で起きている現実を見てみぬふりをするかのようにしらばっくれ、バロック風のハーモニーを紡ぐのだ。この「捻じれたものが好きらしい」ポン・ジュノ監督の趣向は、最初のタイトルシークエンスとエンディングにもそのまま表れる。「暗く希望に満ちた音楽」とはいったい何なのだろうか？

#1　タイトルシークエンス。昼間
#暗く希望に満ちた音楽が流れ始め#……黒い画面にオープニング
　クレジットが順に流れていく。

#161　冬の野山。夕方過ぎ
漆黒の画面に、#明るく絶望的な音楽が流れ始める#。The End。

「明るく絶望的な音楽」などあり得るのかという問題はさておき、
その捻じれた効果音を背景に映画は始まり、そして終わる。ある意
味、捻じれた音楽の中で騒動が巻き起こることの持つ意味は最後ま
で観てようやくわかるのだが、それはきわめて意図的なものだった
という感覚を抱かせる。捻じれた音とサウンドデザインは、映画
の中の3家族が表す地下・半地下と地上の対比、境界線を越えて往
来するダイナミズムと格別のハーモニーをなす。まさにそのハーモ
ニーによって、観客の体と心に映画の力を感じさせるのだ。

何も感じない人間の家族

　映画『パラサイト』の感覚的ディテールを紐解いてみたが、それ
は二律背反のように無感覚の世界と隣り合わせだ。体感の技術を総
動員するかのような感覚的な映画は、実際には到底あり得ない何も
感じない人間を描いている。ダソンの誕生パーティーでパク社長に
刃物を振り下ろすまで、ギテクはいかなる侮辱にも動じない人物
だった。ギテクはなぜ屈辱を感じないのか。恐るべき忍耐力で持ち
堪えているのか、それとも諦めているのか？　もし忍耐でも諦めで
もないとすれば、ギテクやその家族はどういう在り方を選んだとい
うのだろう。まず、ギウがドンイクの家に侵入すべくギジョンが偽
造した在学証明書を手に半地下の家を出るシーンを見てみよう。

＃10　半地下。昼間

ギウ：僕はこれが偽造だとか犯罪だとは思っていません。来年この
　　　大学に行くんですから。

ギテク：さすが、お前にはちゃんと計画があるんだな！

ギウ：書類を先にもらった、そう思ってます。

　こともなげに書類を偽造してしまう彼らは、いったいどういう人
間なのだろうか？　偽物の書類ではあるが、来年その大学に行くと
いうギウの思いは本心のようではないか。だとすれば、ギウのその
態度はせめてもの良心、あるいは一種の自己催眠なのだろうか？
ひょっとして、それが彼らの生き方なのだろうか？　ここまでのギ
ウしか見ていない観客には、その問いに対する答えはまだはっきり
しない。涼しい顔でパク社長一家を騙すギテク一家を前に、問いは
次々と浮かぶ。果たして彼らは、どういうつもりでそんな生き方を
しているのだろうか。基本的な倫理観や道徳観もないというのか？
　疑問と同時に怒りが積み重なってゆく。
　心の中でそう問いかける観客に対し、ギテク一家は逆にパク社長
夫妻、ドンイクとヨンギョの分析を開始する。そして「金持ちだか
らいい人」なのだという、論理的で何より経験論的な結論に至る。

＃72　金持ちの家。リビング。夜

　家主が出かけた後、まるで我が家のようにソファーやテーブルの周
りにくつろいで寝そべりながら酒を飲む。ギウは家族の前で、勉強を
見ているダヘが大学に入ったら真面目に付き合うつもりだと明かす。
ギウが言い終わると、

ギテク：いやあ息子よ。じゃあこの家は、これはお前の妻の実家に
　　　　なるってことだな？

ギウ：はは、そうなりますかね？

　　チュンスク：（笑いながら）なに、じゃあ私は嫁の家の皿洗いして
　　　　　　　るってこと？

　　ギテク：ぷはは、そうなるよな‼　義父のパンツや嫁の靴下を洗っ
　　　　　　たり！　くははは！

　我が家のように寝そべって酒を飲みながら、ギテク一家は思いも
よらない想像をする。ギウは教え子のダヘが大学に入ったら付き合
うつもりだと宣言する。さらに妻の実家、嫁の家になるとまで想像
したところで、今は舅の下着や嫁の靴下を洗っていることになると
言って声を上げて笑うのだ。果たしてそれは笑うようなことだろう
か？　彼らは、パク社長一家をまんまと騙した自分たちの演技力を
自画自賛しつつ、一方ではドンイクとヨンギョの人の良さを称賛
し、裕福さと優しさを結びつけるという予想外の結論に至る。

　　ギテク：まあ芝居も芝居だが、ここの家族もよく騙されるよな？

　　チュンスク：奥様がちょっとあれだね、おかげでうちらは……

　　ギテク：そう、奥様が本当に純粋で優しい……金持ちなのに！
　　　　　　（洋酒を飲み込みギテクをじっと見つめるチュンスク）

　　チュンスク：「金持ちなのに」じゃなくて……「金持ちだから」優し
　　　　　　　いんだよ。わかってんの？

　そんなチュンスクの社会心理学に、ギテクは「もともと金持ちは
純粋なんだ、ひねくれたところがないし、子供もまっすぐで！」と
同調する。チュンスクが階級と人間性をめぐる問題にとどめをさ
す。「金はアイロンなの、皺をピシッと伸ばす！」

　だとすれば、金がない彼らは純粋でも優しくもなく、ひねくれた
人間ということになる。だが、自分たちが優しくも純粋でもないこ

とをどう思っているのだろう。彼らに残された道徳観とは何なのか？　自分の体からする匂いについての屈辱的な会話にも耐えるギテクは、まったく何の感覚もない人間なのだろうか。誰が彼をそうさせたのだろうか？

　この映画は、つまるところギテクがしてきたであろう経験、今もその最中でありこれからも経験し続ける無気力と屈辱感を物語っているのだ。豪雨で浸水した半地下の街の住人たち、体育館へ避難した数多くの被災者の中で横たわったギテクとギウは、ともすればこの映画の中で最も真面目で重要かもしれない会話を交わす。その短い会話の中に、ギテクの恐るべき能力、彼なりのサバイバル術の実体をつかむ最も重要な手がかりがあるように思える。

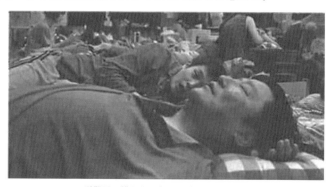

避難所で横たわり息子に話すギテクの姿

#112　学校の体育館。合同避難所。明け方
　ギテク：なあ……絶対に失敗しない計画が何かわかるか？
　ギウ：……はい？
　ギテク：無計画だよ、無計画。ノープラン。
　ギウ：……。
　ギテク：なぜなら、計画を立てると……絶対に計画通りにはいかないからだ。人生は。

ギウ：……。

ギテク：ここを見てみろ。この人たちが「今日はみんなで体育館で寝よう」と計画したと思うか？　でも今はどうだ、みんな固い床の上で眠ってるだろ。うちもそうだし。

ギウ：……。

ギテク：だから、人間は計画を持つべきではないんだ……。計画がなければ間違えることもなく、最初から何の計画もないから何が起きても関係ない……。人を殺そうが、国を売り払おうが……。クソッ、何も関係ないんだよ。わかったか？

　先立ってチュンスクが階級と人間性に関する結論を下したとすれば、ギテクは人生を総括する洞察と確信について自分なりに論じている。このシーンの会話は、まるで家父長制の社会で神聖視される父と子の関係の中で息子に最後のひと言を伝えているかのように意味深長だ。冷たい避難所の床に横たわって話すギテクの口調には、それまでとは違って強い力がこもっている。明らかに、ギテクは最初から何も感じず無知な人間だったわけではない。彼は少なくとも無計画という計画を持って生きる人間であり、なぜそうならざるを得なかったのかを息子に証言している。ギテクだけでなく、同じように避難所に横たわっている人たちもその主張の生き証人となる。生活の条件や経験からその洞察に行きついたのだという、いたって自然で当たり前の確信を息子にも植え付けているのだ。「お前にはちゃんと計画があるんだな」と息子を褒めたこともあったギテクだが、最終的に自分が正しいという結論を息子にわからせる。

　これから起きることを予想していたのだろうか。「何が起きても関係ないんだよ……。人を殺そうが」というギテクのひと言は、最も意味深長なフレーズだ。ご存知のとおり、映画のクライマックスでギテクはパク社長を殺すことになる。彼にはこの先、どんな計画

があるのか。計画したことではなくても、殺人を犯した彼に何がで
きるというのか？　思いがけず、何の計画もなかったギテクは啓示
を得る。

　その瞬間悟ったんだ。どこへ行くべきか。
　地下へ向かった。
　ここで過ごしていると、何もかもぼやけていく。じゃあな。
　〔映画終盤にナレーションで入るギテクからギウへの手紙より〕

　殺人を犯したが、彼は生き延びた。殺してはならない宿主を殺し
ても、ギテクはまだ生きている。半地下から地下へ自ら下りたが、
少なくとも生きてはいる。殺人を犯し、越えてはならない一線を越
えたギテクは、これからどうなるのか？　身の毛もよだつ殺人の現
場で下りてきた瞬間的な啓示とは、果たして何なのか。死ぬことな
のか、それとも寄生虫として生きることなのか？　ポン・ジュノ監
督が投げかける、捻じれていながら何よりも真剣な実存的な問いで
あるように思える。

おわりに

　＃156
　ギウ：父さん、僕は今日計画を立てました

　＃157
　ギウ：根本的な計画です。

　ダソンの誕生パーティーで大惨事が起きた後、ギテクは自ら地下
へ閉じこもり、息子のギウは再び目を覚ます。大手術を受けてひと

月ぶりに意識を取り戻したギウは、改めて計画を立てる。地下に閉じ込められた父をどうやって救うか、という根本的な計画だ。金を稼いで正々堂々とその家を買おうというのである。地下にいる父を救うべく計画を立てるギウは相変わらず優しい息子だが、彼の根本的な計画はその根本から現実離れしている。ポン・ジュノ監督があるインタビューで答えたように、[13]ギウと同じ労働条件で毎月の給料をまったく使わずに貯めたとしても、パク社長の家を買うことはできない。およそ547年かかる計算になるという。世界中の観客の歓声に迎えられたとしても、『パラサイト』のクライマックスの根底には不確実で暗鬱とした時代の難局がある。『パラサイト』は間違いなく悲観と絶望の物語なのだ。

『パラサイト』がオスカーを席巻し韓国人の自負心を大いに呼び起こしたのと同時に、韓国では公平性の問題が社会的イシューとして大きな位置を占めつつあった。多くの労働者が低賃金や不安定な労働条件で酷使され、何の努力もせずに富を譲り受ける資産家の子女を横目に公平性を叫んでいた。金のスプーンと銀のスプーン、泥のスプーン〔階級格差を表す比喩的な言葉〕の問題を訴えたのだ。遺産による富の世襲、学歴社会で専門職の高所得者が稼ぐ億〔日本円で数千万〕単位の年俸は、泥のスプーン層には近づくことが不可能な世界の話でしかない。ひたすら懸命に働く大部分の人たちにとって、韓国の社会は機会だけでなく努力の対価さえまともに得られない不公平な社会として疑いを持たれる。持続的な経済成長政策に支えられ、GDPや平均所得の観点からは今や豊かな国に分類される韓国の社会は、果たして正しいのだろうか。泥のスプーン層の人々はそう問い始めたのだ。韓国の社会を「ヘル朝鮮」と呼ぶ極端で過激なスローガンまで登場した。

　振り返ってみると、映画の中のギテク一家はほとんど失業状態

だったが、決して落伍者や惨めな部類に入るわけではない。ギテク
は事業を起こしたこともあり、絶えず機会を窺っていた。パク社長
の車を乗りこなすため、ベンツの販売店で短時間のうちにきめ細か
く準備したりもする。チュンスクは、かつてオリンピックのメダル
を夢見る砲丸投げの国家代表選手だった。ギジョンは、ほぼ偽造
の専門家レベルだと家族から称賛されるほどコンピューターの扱い
に長けており、ギウは一流を除けばどの大学でも入学できるくらい
修能〔韓国における大学共通試験〕の成績が優秀だった。そのためか、
彼らは皆さまざまな能力やサバイバル術を備えている。ギテクの話
術は、パク社長との「同行」過程で遺憾なく発揮される。ギウの幹
旋で美術教師として侵入したギジョンは、ヨンギョを口車に乗せて
すっかり掌握してしまう。ギテク一家の詐欺行為の過程には偽装・
潜入・臨機応変などさまざまなサバイバル術が活用されていること
になる。全員パク社長宅への侵入に成功したギテク一家が自ら祝杯
を上げて酔っているとき、ギウは婿入りして合法的にその家に出入
りすることを夢見る。ギテクとチュンスクもそれに便乗し、舅姑に
なることを夢見る。しかし、さまざまなサバイバル術を駆使して潜
入に成功した彼らが根本的な疑問を抱くことはない。ギテク一家の
誰ひとりとして、なぜ自分たちがそのような良い家を買うことがで
きないのかとは問わないのだ。泥のスプーンには機会さえ与えられ
ない世の中を非難することも、もっと言えばそんな世の中をひっく
り返そうという夢を見ることもない。ともすれば、彼らの選択は実
存として最も現実的で賢明なものだったのかもしれない。ギテク、
ギジョン、ギウ、チュンスクに対して、誰が革命を要求できると
いうのか？　まさにこの点において、『パラサイト』は世界中の観
客に対して普遍的な説得力を持つのだ。韓国の一家が見せる特殊性
は、1980 年代の新自由主義以降、世界的に拡大し固定化している

階級間の貧富の差、そして社会的不平等の現れとして理解される。ギテクとその家族は、転覆を企む代わりに「持てる者」の存在を認め、彼らからくすねることを正当化する。相手に自分たちの現実の救済を要求したり、それを期待したりすることは理屈に合わないのだ。ギテク一家は、単に屈辱を感じず道徳や倫理もわからない人間なのではなく、生存を選んだのだ。公平でも公正でもない形で固定化する21世紀の資本主義体制に生きる無数の人々の姿がそこに重なって、世界中の観客に対して『パラサイト』の普遍性が確保される。偶発的ではあるが、パク・ドンイクを殺すことでギテクは破局の瞬間に到達する。宿主を殺してはならないという寄生虫の宿命を踏み越えたのだ。しかし、小さな宿主のパク社長は殺しても、地下に閉じこもったギテクや生き残ったギウとチュンスクの誰ひとりとしてより大きな宿主である階級と資本主義の転覆を企みはしない。結局、究極的には誰も「一線」を越えないのである。そうした側面から、『パラサイト』は悲観と絶望、公正と生存、そして革命と希望に関する捻じれた問いとして読み取れる。

註

(1)《문화와융합〔文化と融合〕》43巻4号（2021年4月）に発表した論文を単行本の性格に合わせて部分的に新しく書いた文章である。

(2) グローバルな映画評論の分野で、ポン・ジュノ監督への関心の高さに匹敵する他の韓国の映画監督はもはやイム・クォンテくらいであろう。2021年の2月まで『パラサイト』は「57もの海外の映画祭に招聘され55の主要な映画賞を席巻したのをはじめ、全世界の各種映画祭で実に127個のトロフィーを手にし、オスカー4冠によってついに最後のピースが揃った」。〈이병도의 시대가교〔イ・ビョンドの時代の架け橋〕〉,《사오늘〔時事オヌル〕》, 2020년 2월 15일.

(3) 류수연〔リュ・スヨン〕,〈소설가 구보 박태원과 영화감독 봉준호, 그들의 평행이론〔小説家丘甫パク・テウォンと映画監督ポン・ジュノ、2人の

平行理論〕〉,《르몽드 디플로마티크〔ル・モンド・ディプロマティーク〕》(한국어판), 2020 년 2 월 17 일.

(4) 映画の細部まで執拗に計画して制作するポン・ジュノ監督特有の能力、およびその仕事の特徴を指す言葉だ。

(5) 장영엽〔ジャン・ヨンヨプ〕・김연수〔キム・ヨンス〕記者の第 72 回カンヌ国際映画祭中間報告.〈칸에서 만난 봉준호와 ʻ기생충ʼ〔カンヌで出会ったポン・ジュノと『パラサイト』〕〉,《씨네 21〔シネ 21〕》1207, 2019.

(6) 既に少なからぬ評論が匂いに注目し、階級論をイシューとした批評をまき散らしている。ロッテルダム国際映画祭では『パラサイト』のモノクロ編集版が上映されたが、監督自ら「匂いがいっそう漂ってくるようだ」と評しつつ満足げにしていたのを見ても、この映画において匂いは事件の展開の肝となる装置だった。

(7) 寿石をランドスケープストーン（landscape-stone）、チャパグリを「うどん」と「ラーメン」を合成した「ラムドン（Ramdong）」と訳したのも類似の事例だ。

(8)〈윤형중이 본 ʻ기생충ʼ 과 사회경제 정책, 반지하 주거 공간을 중심으로〔ユン・ヒョンジュンが見た『パラサイト』と社会経済政策、半地下の居住空間を中心に〕〉,《씨네 21〔シネ 21〕》1210, 2019.

(9)〈봉준호 ʻ기생충ʼ 에 할리우드 열광, 왜 ?…ʻʻ미국의 불평등 문제 건드렸다ʼʼ〔ポン・ジュノ『パラサイト』にハリウッド熱狂、なぜ？……「アメリカの不平等問題を突いた」〕〉,《시사오늘〔時事オヌル〕》, 2020 년 2 월 15 일.

(10) 권승태〔クォン・スンテ〕,〈시각정체성과 서사정체성〔視覚のアイデンティティと叙事のアイデンティティ〕〉,《문학과 영상〔文学と映像〕》, 2020.

(11)〈봉준호 감독의 ʻ기생충ʼ 제작기〔ポン・ジュノ監督の『パラサイト』制作記〕〉,《씨네 21〔シネ 21〕》1209, 2019.

(12) このようなギテクの信念はまるで「自分はどんな状況でも、少なくとも精神的には敗北しない」と自らを慰める、「阿Q正伝」の「精神勝利法」を連想させる。루쉰〔魯迅〕지음, 홍석표 옮김,《아큐정전〔阿Q正伝〕》, 선학사, 2003.

(13) 이동진〔イ・ドンジン〕,《이동진이 말하는 봉준호의 세계〔イ・ドンジンが語るポン・ジュノの世界〕》, 위즈덤하우스, 2020, 147 쪽.

参考文献

루쉰 지음 , 홍석표 옮김 ,《아큐정전》, 2003.〔魯迅「阿Q正伝」『故郷／阿Q正伝』藤井省三訳、光文社古典新訳文庫、2009 年〕

봉준호・한진원 각본 , 김대환 윤색 , 이다혜 인터뷰〔ポン・ジュノ／ハン・チンウォン脚本、キム・テファン脚色、イ・ダヘインタビュー〕,《기생충 각본집〔パラサイト脚本集〕》, 플레인아카이브 , 2019.

이동진〔イ・ドンジン〕,《이동진이 말하는 봉준호의 세계〔イ・ドンジンが語るポン・ジュノの世界〕》, 2020.

한국미디어문화학회〔韓国メディア文化学会〕,《' 천만 영화를 해부하다 ' 평론 시리즈 5 기생충〔『ミリオンヒット映画解剖』評論シリーズ 5 パラサイト〕》, 연극과 인간 , 2020.

〈(스페셜) 봉준호 감독의 ' 기생충 ' 제작기〔(スペシャル) ポン・ジュノ監督の『パラサイト』制作記〕〉,《씨네 21〔シネ 21〕》1209, 2019.

〈봉준호 ' 기생충 ' 에 할리우드 열광 , 왜 ?…" 미국의 불평등 문제 건드렸다 "〔ポン・ジュノ『パラサイト』にハリウッド熱狂、なぜ？……「アメリカの不平等問題を突いた」〕〉,《시사오늘〔時事オヌル〕》, 2020 년 2 월 15 일 .

〈윤형중이 본 ' 기생충 ' 과 사회경제 정책 , 반지하 주거 공간을 중심으로〔ユン・ヒョンジュンが見た『パラサイト』と社会経済政策、半地下の居住空間を中心に〕〉,《씨네 21〔シネ 21〕》1210, 2019.

권승태〔クォン・スンテ〕,〈시각정체성과 서사정체성〔視覚のアイデンティティと叙事のアイデンティティ〕〉,《문학과 영상〔文学と映像〕》21(1), 2020.

류수연〔リュ・スヨン〕,〈소설가 구보 박태원과 영화감독 봉준호 , 그들의 평행이론〔小説家丘甫パク・テウォンと映画監督ポン・ジュノ、2 人の平行理論〕〉,《르몽드 디플로마티크〔ル・モンド・ディプロマティーク〕》(한국어판), 2020 년 2 월 17 일 .

〈이병도의 시대가교〔イ・ビョンドの時代の架け橋〕〉,《사오늘〔時事オヌル〕》, 2020 년 2 월 15 일 .

장영엽〔ジャン・ヨンヨプ〕・김연수〔キム・ヨンス〕기자의 제 72 회 칸 국제영화제 중간보고 ,〈칸에서 만난 봉준호와 ' 기생충 '〔カンヌで出会ったポン・ジュノと『パラサイト』〕〉,《씨네 21〔シネ 21〕》1207, 2019.

정승훈〔チョン・スンフン〕,〈' 기생충 ' 의 윤리적 난국과 봉준호의 글로벌 (코리안) 시네마〔『パラサイト』の倫理的難局とポン・ジュノのグローバル (コリアン) シネマ〕〉,《문화과학〔文化科学〕》102, 2020.

Bauman, Zygmunt, *Liquid Modernity*, England: Polity Press, 2020.〔ジークムント・バウマン『リキッド・モダニティ──液状化する社会』森田典正訳、大月書店、2001 年〕

Bazin, Andre, *What is Cinema?*, California: University of California Press, 1967.〔アンドレ・バザン『映画とは何か』野崎歓他訳、岩波文庫、2015 年〕

Barber, Laurence(2019). Killing the Host: Class and Complacency in Bong Joon-ho's 'Parasite' [online]. *Metro Magazine*: Media & Education Magazine 202, 48-53.

映画『パラサイト』における「象徴的なもの」の意味と役割

「象徴的」という言葉

　映画『パラサイト』には、「象徴的」という言葉が計３回登場する。すべてギウの口を通してである。[1] １回目は、交換学生として海外へ行く友人ミニョクが陸軍士官学校出身の祖父が持っていた山水景石、すなわち寿石をギウに贈るときだ。ミニョクはこの石が家庭に大きな財運や合格運を呼び込むと言う。ギウはその石を見て「ミニョク。いや〜、これは象徴的だなあ」と答える。２回目は、ミニョクがしていた家庭教師の仕事を引き継ぐためギウがパク・ドンイク社長宅を訪問する際、リビングにかかったパク社長の息子ダソンが描いた絵を見るときだ。ギウはその絵を見て象徴的だと評し、チンパンジーを描いたものだろうと言う。すると、パク社長夫人のヨンギョはダソンの自画像だと答える。３回目は、ギテクが家族と一緒に運転手食堂のビュッフェで昼食を食べるときだ。ギウはギテ

クに「この場所は象徴的だ。父さん、僕たち運転手食堂で食事してますね。偶然にも」と言う。その少し前、ギジョンは計略的にパク社長の運転手ユンを追い出し、代わりに父ギテクを運転手にすべく陰謀を企てる。つまり、ギウが運転手食堂で食事をすることを象徴的だと言うのは、ギテクがもうすぐパク社長の運転手になることを暗示しているのだ。だが、それは事の展開に伏線を張る、つまりこれから起きることを前もって観客に暗示するものに過ぎない。したがって、この映画において文字通り「象徴的」という言葉の意味を探るべき対象は、寿石とダソンの絵である。

　しかし、ポン・ジュノ監督は『パラサイト』の試写会（2019年5月28日）で「この映画にはメタファーがたくさん出てきます。たとえば山水景石にはどういう意味がありますか？」というある記者の質問に対し、「『パラサイト』ではむしろ象徴を避けようとしていて、山水景石はただ単に山水景石そのものだ」と答えた。ポン・ジュノ監督は、明滅する電灯にも何らかの象徴性があるというようなことよりも、日常的に目にする物が突如として違った風に見える実質的な感覚を伝えようとしたと言う。また、『シネ21』のインタビュー（2019年6月24日）では「『パラサイト』の山水景石は、物語を生み出す詩学的な霊物のように思える」という記者の言葉に対し、「石は最後までギウに付きまとう。（中略）寿石は、家庭教師を紹介してくれた友人のミニョク、そしてギウの家とは異質な裕福な家庭を思わせる。ミニョクは序盤にだけ登場して姿を消すが、ずっと目の端にちらちら映っていてほしい。そのための小道具が石だ。（中略）石には、その実体以上に強烈なニュアンスがある」と答えた。ポン・ジュノ監督によれば、家庭に大きな財運や合格運を呼び込む山水景石は、ギウに関する物というより裕福な友人ミニョクを絶えず想起させる役割を持つ物である。イ・ダヘ記者とのインタ

ミニョクがギウに贈った山水景石

ビューでも、監督は「『スノーピアサー』は10個のエピソードを最初から最後まで撮ったもので、そこにはあまり介入しませんでした。しかし、『パラサイト』は人物ごとにそれ以前の話、映画の外の物語があるので、それを伝えたいと思ったんです。パク・ソジュン氏が演じるミニョクの物語、ナムグン先生とムングァンの物語といったものを」と述べた。もちろん、ポン・ジュノ監督も『パラサイト』の試写会で全編を観たとき、山水景石は錯綜した事件全体を象徴する物たりえるかもしれないと考えた。だが、山水景石が１つの象徴として規定されるより、さまざまな見え方をする物として解釈されることを望んだ。つまり、監督の観点で見た場合、山水景石はミニョクを想起させる映画の小道具であることは間違いない。

　山水景石は、ギウがパク社長家の家庭教師となり、詐欺ではあれ家族全員が仕事にありつくきっかけとなった。ミニョクの言うように、山水景石は幸運を呼び込む役割を果たしたのだ。洪水でギテクの半地下の家が浸水したときも、山水景石は水に沈まず奇跡のように浮かんでギウにずっと「付きまとう」物だった。しかし、ギテク一家の策略でパク社長宅を追い出された住み込み家政婦のムングァンが再び現れ、地下室で夫のグンセが暮らしているという事実が判

明し、殺人の悲劇に至る映画の後半で山水景石は幸運の道具から災禍の物へと豹変する。山水景石を手にしたギウは、グンセとムングァンを始末しようと地下室へ降りていく。だが、手を滑らせて山水景石を落としてしまう。石は階段を下へ転がり落ちる。きつく縛られたまま倒れているムングァンに石を叩きつけようとして躊躇した瞬間、グンセが電線で作った輪でギウの首を絞める。ギウは必死に階段を上って外へ逃げ出す。グンセはギウを追いかけ、山水景石を頭に叩きつける。倒れたギウの頭から血があふれ、床に溜まる。グンセは大きな瓶に入った梅酒をがぶがぶ飲み干し、ダソンの誕生パーティー真っ只中の庭へと向かう。キッチンから持ち出した包丁で何の躊躇もなくギジョンの胸をひと突きし、ムングァンの復讐を果たすべくギテクの妻チュンスクを追う。グンセとチュンスクがもつれ合って死闘を繰り広げる。ダソンを病院へ運ぼうと焦るパク社長は、ギテクに車のキーを投げろと言う。運悪く、キーはもつれ合うチュンスクとグンセの体の下敷きになってしまう。チュンスクはバーベキューの鉄串でグンセの脇腹を刺す。地面に落ちた車のキーを拾おうとして俯いたパク社長はグンセの酷い悪臭に眉をひそめ、手で鼻を押さえる。その様子を見たギテクは、いつも自分や家族の匂いを嘲笑っていたパク社長の行動に瞬間的に激昂し、包丁で彼を刺して逃げる。『パラサイト』のエンディングで起きる残酷な悲劇は、ギウが山水景石を持ってパク社長宅の地下室へ下りたところから始まっている。

　病院へ運ばれたギウは脳の手術を受けて意識を取り戻すが、おかしくなったようにずっと笑ってばかりいる。チュンスクとギウは私文書偽造、住居侵入、傷害致死などの嫌疑で起訴されるが、最終的には法廷で執行猶予を言い渡され家へ帰ってくる。ギウは広告のチラシを配るアルバイトをして毎日を過ごす。ある冬の日、ギウは野

山に上って川に山水景石を沈める。しかし、ギウは石を捨てても無謀な出世欲と強い上昇願望を捨てることができない。彼はピザ店の広告チラシを配りながらパク社長の住んでいた家を買う計画を立てる。だが、その計画は実現不可能な妄想に過ぎない。ポン・ジュノ監督は、明滅する電灯や山水景石はただの物ではあるが、文脈と状況が違えばその意味が変わることもあり得ると述べた。つまり、同じ物でもどう見るかによって性質や意味が変わる可能性が常にあると言うのだ。山水景石は幸運を呼び込む物かもしれないが、状況次第では人を傷つける凶器にもなり得るのだ。ギウがグンセの攻撃を受けて入院した病院で「刑事には見えない刑事」と「医師には見えない医師」を見て妙に思う部分は、そうしたポン・ジュノ監督の物事や人間に対する認識をよく表している。

状況の可変性と人間の変貌

　ポン・ジュノ監督は、人間や物事に対するステレオタイプについて観客に問題提起し続けてきた。彼は1つの事件や物事の持つ多面性、複合性を重視する。『殺人の追憶』(2003)のエンディングで、ついに連続殺人犯を捕まえられなかったトゥマン(ソン・ガンホ)は刑事を辞め、ジューサーを売る仕事をしながら暮らしている。彼は仕事で出かけた際、16年ぶりに最初の殺人事件が起きた現場の近くを通りかかる。用水路を覗き込むトゥマンに女の子(チョン・インソン)が話しかけ、少し前に誰かが同じ場所を覗き込んでいたと言う。その男は、かつて自分がその場所でやったことを思い出して久しぶりに来てみたと話したという。パク・トゥマンは既に刑事を辞めていたが、その男の人相と身なりを訊ねる。すると、女の子は「普通でした」と答える。連続殺人犯と聞けば、多くの人はどこ

か特徴的な姿、つまり凶悪に見える人物を想像する。だが、いわゆる「犯罪者の顔」というものは存在しない。「犯罪者の顔」は私たちが作り出したステレオタイプに過ぎないのだ。『パラサイト』のエンディングで殺人を犯し、グンセのように地下室に隠れて暮らすようになったギテクは、ギウへの手紙の中で家の新たな住人となったドイツ人夫妻について話す。彼は明け方にこっそりキッチンへ上がって冷蔵庫を開け、意外なことにコチュジャン、納豆、ソーセージ、豆腐といった多彩な食べ物があるのを目にする。ギテクは、手紙の中で「近頃はドイツ人だからってソーセージとビールばかりなわけじゃないんだな。ありがたいことだ」と冗談を言う。ドイツ人はソーセージとビールだけで生きるというのは、世間に広く浸透しているドイツ人の食文化にまつわるステレオタイプだ。ポン・ジュノ監督は、その間違った類型化の問題を愉快に皮肉っている。

　『シネ21』のインタビュー（2019年4月11日）で、ポン・ジュノ監督はこう語った。「この映画（『パラサイト』）には悪人がいない。それでもおぞましい事件は起きる。私たちの社会を顧みても、サイコパスや悪意を持って何十年もかけて犯行を計画する人ばかりが事件を起こすわけではない。誰にでも多少の隙がある。『優しい人なのに人を殺した』『いい人なのに詐欺を働いた』というようなことはよく聞く。日常の中でみんな『天使』『悪魔』とおでこに名前を書いて生活しているわけではない。一般的に誰もがグレーだし、それなりに優しくそれなりに小心者で、それなりにダメで卑劣だ。『パラサイト』の登場人物たちもそれと同じで、悪意がなくても取り返しのつかない事件が起きる」。つまり、状況によって天使のような人がたちまち悪魔になることもあるのだ。ポン・ジュノ監督のデビュー作『ほえる犬は噛まない』（2000）の主人公ユンジュ（イ・ソンジェ）は、大学の非常勤講師だ。小心者で、年上の妻の顔色を

窺いながら半ば無職のような生活をしている。教授のポスト獲得に何度も失敗して挫折感に苛まれる彼は、住んでいるアパートで聞こえる犬の鳴き声にヒステリーを起こす。そして下の階に住む老婆のチワワを捕まえ、屋上から落として殺す。彼は平凡な小市民だが、教授になれないことで無力感に打ちひしがれ、チワワを殺す残酷な人物に変貌する。その後、妻がプードルを買ってきてユンジュは驚愕する。散歩中に犬を見失ってしまった彼は妻に怒られ、迷子犬のチラシを貼って回る。チワワを無残に殺した張本人が、いなくなった犬を血眼で探す飼い主になるのだ。妻の退職金1500万ウォンを学長への賄賂に使って最終的に大学教授になるが、講義をするユンジュの表情は憂鬱である。

　ポン・ジュノ監督は、そのように1つのものとして規定できない人間の複雑な姿に長年関心を持ち続けてきた。デビュー作『ほえる犬は噛まない』から『パラサイト』に至るまで、継続的にこの問題を扱っている。『母なる証明』(2009)で、知的障害のあるトジュン（ウォンビン）は女子高生のアジョン（ムン・ヒラ）に「バカ野郎〔바보 같은 새끼〕」と言われて激昂し、石を投げつけて殺す。トジュンが世界で一番嫌いな言葉が「バカ」だ。彼は純粋な青年だったが、アジョンを殺した挙げ句その遺体を屋上の塀に掛けておく残酷な殺人犯に豹変する。だが、トジュンは自分がアジョンを殺した事実を忘れてしまう。漢方薬店の仕事をしながらトジュンの世話をする母（キム・ヘジャ）は、息子のことしか頭にない人物だ。トジュンが殺人容疑で逮捕されると、冤罪だと考えた母は真犯人を捕まえるべく全力を尽くす。しかし、結局息子が殺人犯だということを知る。母はトジュンを殺人犯として警察に通報しようとする古物商を殺し、家に火を放ってまで息子を守る。トジュンと母はどちらも身の回りにいる平凡な人間だが、状況が変わったことで一瞬にして殺

人犯となってしまう。ポン・ジュノ監督は、状況の可変性に常に注目してきた。状況によって人間は変わる。誰しも絶対的な善人ではありえない。善い心を持っていたとしても、状況が変わればいつでも悪人になり得るのだ。それゆえ、善と悪は常に相対的なものである。『パラサイト』は、ポン・ジュノ監督が長年にわたって探り続けてきた状況の可変性、そして人間の変貌というテーマを深く扱った作品だ。この映画は善と悪、幸運と不幸、喜劇と悲劇、そして寄生と共生が、実はコインの表と裏の関係にあることをよく表している。それぞれの間に境界線はない。

偶発的な事件の連続とポン・ジュノ流の誘導テクニック

では、なぜポン・ジュノ監督は登場人物のギウに台詞の中で「象徴的」という言葉を3回も言わせたのだろう。監督自らこの映画では象徴を避けようとしたと言いつつも、台詞で「象徴的」という言葉を明示的に出したのはどういう意図によるのだろうか？　本来、山水景石はミニョクを想起させる映画の小道具である。だが、観客は山水景石をギウの分身として理解する。ポン・ジュノ監督の意図と観客の反応はまったく異なっており、交差しない。ポン・ジュノ監督がギウを通じて「象徴的」だと前もって言及するのは、むしろ山水景石が幸運と不幸のメタファーあるいはギウの運命を象徴する道具だという認識の枠から早く脱け出すようにという観客へのメッセージなのかもしれない。興味深いことに、古代の東アジアにおいて石は財運などの象徴性を持っていなかった。石は君子の人格、道徳性、節操、長寿を象徴していた。北宋時代より、中国の文人たちは怪石ないし奇石である霊壁石、太湖石を鑑賞の対象として愛好していた。彼らは奇異な姿形をした石を心性修養の方便と見なし、ま

た高価な石を自らの富を誇示する手段として活用した。朝鮮時代後期の文人たちもやはり怪石の蒐集に熱中し、中国から入ってきた太湖石を買うために争った。しかし、中国や韓国において石が財運を呼び込む物として認識されたことはない。ミニョクが山水景石を財運や合格運を呼び込む物だと言ったのは、ポン・ジュノ監督特有のジョークだ。彼は本来の石の意味や象徴を改変し、観客を突拍子もない方向へ引っ張ることで一面的な解釈から脱け出すように誘導しているのである。

このように、特定の物に突拍子もない意味を付与し、観客に物事への凝り固まった慣習的な理解から脱して多様な解釈を試みるよう促すポン・ジュノ流の誘導テクニックは、『母なる証明』にもよく現れている。トジュンは女子高生殺人事件の容疑者として拘束され、拘置所での面会時に母は太腿のツボの話をする。そのツボに鍼を打てば「悪い記憶や病気の元になる心のしこりを消してくれる」と言うのだ。トジュンは知能がきわめて低い青年で、自分のしたことを憶えていない。漢方薬店を営みながら無免許で鍼を打つ母は、トジュンに「呪われたこめかみ」を指で擦り続ければ思い出せると教える。拘置所の庭でこめかみを擦ったトジュンは「バカ」と言ってきた他の囚人と喧嘩になり、殴られた拍子に昔の記憶が蘇る。母は過去に生活が苦しくなり、5歳のトジュンと心中を図って栄養ドリンクに農薬を入れて飲ませたことがあったのだ。女子高生が殺害された日にトジュンが何をしていたか思い出す手助けをしようとした母の希望とは異なり、トジュンは自分が障害を負った原因が農薬だったことを知る。母が太腿のツボの話をすると、トジュンは「今度は鍼で殺す気？」と言う。母はトジュンの潔白を証明すべく真犯人を探し、女子高生殺人事件に関係のある古物商の老人を訪ねる。だが、事件を目撃したその老人はトジュンが犯人だと言う。警察に

電話をかける老人を母はモンキースパナで殺害し、家に火を放つ。その後、トジュンは古物商の焼け跡で母の鍼を発見する。旅に出る母をターミナル駅で見送るとき、トジュンは母に鍼を渡して静かな声で「落としちゃダメじゃないか」と言う。バスに乗った母は太腿に鍼を打ち、他の女性客と一緒に踊る。バスから降りた母は、葦の生い茂る野原で泣き笑いながら踊り続ける〔90年代の韓国では高速バス旅行をする年配の女性が多く、車内では大音量の音楽に合わせて踊って楽しんでいた。安全な走行を妨げるとして現在は禁止されている〕。

　『母なる証明』は『パラサイト』を理解する上で非常に重要な作品だ。あらゆる記憶を眠らせる忘却のツボなどは存在しない。しかし、ポン・ジュノ監督はあたかもそんなツボがあるかのようにストーリーを展開し、興味を惹きつける。母はトジュンに「呪われたこめかみ」を擦らせて殺人事件の真相を解明しようとするが、かえって自分がトジュンを殺そうとした事実が明らかになる。トジュンに忘却の鍼を打とうとするが失敗し、逆に殺人を犯した自分に鍼を打つことになる。『パラサイト』の山水景石と同じように、『母なる証明』の鍼は監督が架空の意味を付与した物だ。鍼は決して象徴的な物ではない。映画の中で太腿のツボの話はたった2回しか出てこないが、事件の展開においてきわめて重要な役割を果たす。トジュンが幼い頃の記憶を取り戻す鍼を打つのを拒否すると、母は自ら息子の無罪を立証すべく奔走し始める。母はその過程で古物商の老人を殺し、旅行に出かけてバスで自分の太腿に鍼を打って自分自身を慰め、殺人の記憶を消す。鍼によって事件は偶発的な方向へ展開し、観客にとって思いもよらない結果に至る。ポン・ジュノの映画において、ほぼ全ての事件は偶発的、突発的に起きる。その結果、事件の結末は観客の予想を常に裏切ることになる。

　『ほえる犬は噛まない』でチワワを殺したのはユンジュだが、間

違えて警察に連行されるのはマンションの地下室に隠れて暮らす浮浪者のチェ氏（キム・レハ）だ。ユンジュは罪を犯したが、念願の大学教授となって平穏な暮らしを手に入れる。『殺人の追憶』の刑事たちは、連続殺人事件の犯人に違いないパク・ヒョンギュ（パク・ヘイル）を証拠不十分で釈放せざるを得なかった。ポン・ジュノ映画の重要な特徴は、道理にかなった自然な成り行きで展開していた事件が、偶発的な原因によって突然の反転を繰り返す点にある。それによって、映画は観客の予想を裏切って曖昧な終わり方をする。『ほえる犬は噛まない』のクライマックスでは、ユンジュが殺したチワワの飼い主の老婆がショックで世を去り、ヒョンナム（ペ・ドゥナ）に屋上の切り干し大根を持って行くよう手紙を残す。屋上に上ったヒョンナムは、浮浪者のチェ氏がユンジュの犬を補身湯<ruby>補身湯<rt>ポシンタン</rt></ruby>にして食べようとしているのを目撃する。犬は救出され、チェ氏は犯人として連行される。『ほえる犬は噛まない』で事件を反転させるのは、屋上にある切り干し大根だ。映画の序盤、ユンジュはやかましく吠えるのがすぐ隣に住むシーズー犬だと思い込み、その犬をさらって屋上へ上る。彼は屋上からシーズー犬を落として殺そうとするが、ちょうどその時切り干し大根を干しにきた老婆に「切り干し大根は好き？」と声をかけられたことで失敗する。そして、そのシーズー犬は声帯の手術を受けて声が出ないのだった。その後ユンジュは、犬の鳴き声が屋上で切り干し大根を干していた老婆の飼っているチワワのものだったと知る。彼はチワワをさらって屋上から落として殺す。『ほえる犬は噛まない』は予測不能な結末を見せて終わるが、切り干し大根には何の象徴性もない。ただし、劇中の事件を反転させる重要な媒体ではある。切り干し大根のおかげで、最終的にシーズー犬とユンジュの犬は生き延びることになる。

常に可変的かつ流動的な物事の意味

　『パラサイト』の山水景石は、まさに『ほえる犬は噛まない』の切り干し大根と同じ役割を果たしている。山水景石はギウがパク社長宅で働くきっかけとなり、映画の後半で殺人事件という悲劇を招く媒体となる。ギウがグンセとムングァンを攻撃する目的で山水景石を持ってくることで、映画は劇的な転換を迎え、ブラックコメディから惨劇へと性質が急変する。映画の中で山水景石は「象徴的」と言われるが、まったく象徴的ではない。ダソンが描いた絵も同様である。ギウが家庭教師として訪ねた日にその絵を見て「象徴的」だと言うが、彼はそれがチンパンジーを描いたものだと思っている。チンパンジーを描いた絵がどうして象徴的になり得るだろうか。ヨンギョはその絵がダソンの自画像だと答える。チンパンジーの絵も自画像も象徴的な絵ではないが、ギウはなぜそれを象徴的だと言ったのだろうか。象徴的ではないにしても少なくとも多重的な意味を持つ絵となったのは、ギジョンがヨンギョに会ってからだ。イリノイ大学で美術を学んだエリート美術教師のジェシカとして平然と詐欺を働くギジョンは、美術心理学や美術治療も学んでいるとヨンギョに言う。ギジョンはダソンが描いた絵を見て、ダソンが1年生の頃に家で何かが起きなかったかとさり気なく訊ねる。ギジョンの質問に驚いたヨンギョは叫び声を上げ、その反応にギジョンは絵の右下部分を指して「絵の右側の下段部分は『スキゾフレニア・ゾーン（schizophrenia zone）』と呼ばれ、精神疾患の徴候が現れやすい場所とされているんです」と言い、ダソンの心の中にあるブラックボックスを開けてみることをヨンギョに提案する。スキゾフレニアとは統合失調症のことだが、絵の分析や解釈においてスキゾフレニア・ゾーンなどというものは存在しない。これは、『母なる証明』

の忘れるために太腿に打つ鍼と同じく、ポン・ジュノ監督の作り話だ。彼はこのように物事の意味を改変し、その絵が重大な意味を持つ象徴であるかのように観客に認識させるのだ。

　いかなる絵にもスキゾフレニア・ゾーンなどない。だが、芸術療法士になりすましたギジョンの話を聞いて、観客はその絵の象徴性に没頭してしまう。絵に描かれたチンパンジーのような人物は、地下室に住むグンセである可能性が高い。ダソンはグンセに驚いてその絵を描いたと思われる。１年生の頃に何があったのかというギジョンの質問に対するヨンギョの過敏な反応によって、ダソンが地下から上ってきたグンセを見てひどく驚いたことが推察される。ヨンギョは韓牛のサーロインをのせたチャパグリを食べながら、チュンスクにダソンが１年生の頃に起きた事件の話をする。その日はダソンの誕生日だった。家での誕生パーティーを終えて家族が寝静まった夜中、ダソンはキッチンへ行って冷蔵庫からパーティーの残りの生クリームケーキを取り出して食べる。その時、ダソンはリビングの窓に映る真っ黒なお化けを見て驚き、ひきつけを起こして白目を剝いて泡を吹く。ダソンが見た黒い影、あるいは真っ黒なお化けは、食べ物を求めて地下室からキッチンへ上ってきたグンセである可能性が高い。リビングの自画像にしても、チンパンジーを描いた絵の奇怪で凶悪な形相の人物はダソンが見た真っ黒なお化けだと思われる。ダソンがガーデンパーティー中にグンセを見て卒倒することから、絵の中の奇怪な人物はグンセである確率がきわめて高い。

　一方、姉のダヘによるとダソンの行動はすべて演技であり、偽物だという。天才あるいは変人のように振る舞っているが、何もかも芸術家の「コスプレ」であると。ギウはリビングにかけられたダソンの絵を象徴的だと言い、天才的な感覚を持っているとヨンギョに

話す。しかし、ダソンは美術の天才児ではない。芸術家のコスプレをしているうちに天才だと思われるようになり、その結果彼の絵はどこか意味深長で象徴的なものとして評価されたのだ。ヨンギョは息子を美術の天才だと思い、リビングの絵はダソンの自画像だと話す。だが、ダソンは幼き美術の天才ではない。ギジョンが絵の下の部分を指してスキゾフレニア・ゾーンだと言うことによって、その絵の性質は急変する。ポン・ジュノ監督は突然ギジョンの口を借りて、その絵が統合失調症(スキゾフレニア)と関連しているかのように観客を間違った方向へ誘導する。つまり、監督はその絵の性質にまつわる興味深い反転を作り出しているのだ。しかし、ギジョンは家族と運転手食堂で食事をしながら「ネット検索して出てきた芸術療法の話をしたら……いきなり泣くんだから。信じられない」とスキゾフレニア・ゾーンのでたらめを信じたヨンギョを嘲笑う。[4]ギジョンのその発言で、ダソンが描いた絵は再び何の象徴的な意味も持たない子供の絵となる。

　ポン・ジュノ監督の映画において象徴的な意味を持つと見なされる小道具は、それ単体では象徴的ではない。だが、ふとした偶然をきっかけに事件が突発的に反転することで、全体としては象徴的な役割を果たすことになる。興味深いのは、『母なる証明』の太腿のツボや『パラサイト』の山水景石にポン・ジュノ監督が付与した呪術性だ。それは、何者かの力を借りて災いを退け、幸運を呼び込んでこれから起きることを予見する特性を示す。太腿のツボに刺した鍼は、過去に起きた不幸な出来事を何もかも忘れさせてくれる。山水景石は財と幸運を呼び込む働きをする。しかし、呪術性を備えた物は人間の合理的な判断の圏外にあり、人間にはコントロールできない。その圏外に存在する呪術的な物であるからこそ、山水景石は偶発的な事件を作り出す役割を担うことができるのだ。ポン・ジュ

ダソンが描いた絵

ノ監督は鍼や山水景石に非合理的な呪術性を付与し、劇的な転換を導く重要な映画上の仕掛けとして活用した。その結果、全体的なプロットの中で事件が取り返しのつかない、つまり予測不能な方向へ展開することで、鍼や山水景石は映画全体を象徴する物へと変化する。ポン・ジュノ監督は、文脈が違えば日常的な物の意味も変わるということを複数の映画で伝えてきた。彼が警戒するのは、物事の意味が固定されることだ。監督にとって、物事の意味は文脈によって常に変わる可能性があり、流動的である。したがって、見かけは物事の本質ではない。人間も同様で、善良な人間が何かの偶然をきっかけに悪魔になることもあり得るのだ。病床のギウには刑事が刑事に見えず、医師が医師に見えなかったのは、彼の固定観念が原因だ。このように、ポン・ジュノ監督は『パラサイト』で私たちが持っている固定観念を打ち砕こうとしたのだ。

「悪人不在の悲劇、かつ道化師不在の喜劇」のアイロニー

　気高い住み込みの家政婦だったムングァンは解雇され、雨の降る日に再びパク社長宅を訪れる。ムングァンがチャイムを鳴らすことで、一切の状況が急変する。まるでコントロール不能な暴走機関車のように、事件は取り返しのつかない方向へ展開することになる。『パラサイト』のムングァンは、映画の後半を先導する中心人物だ。ポン・ジュノ監督は、『シネ21』のイ・ダヘ記者とのインタビューで映画内のムングァンの役割について次のように語った。「ムングァンがピンポンとチャイムを鳴らしてからゲームの本番がスタートする感じというか。ムングァンは映画の折り返し地点を決めるゲームチェンジャーのような人物です。『ここから1時間は暴走だぞ』というような。名前についてよく質問されるんですが、実際

『門を開けて狂人がやって来る』という意味の単純な名付けです。最初の登場シーンから、ムングァンには門を開けるイメージがあります。ギウが初めて金持ちの家に行くときに門を開けてくれるのはムングァンで、雨の日に家を訪れるパートもあり、後半で地下室の地獄の門を開けるのもムングァンです。グァンの漢字は『狂』ではありませんが、婚姻届けは『光』になっているのかな？　わかりませんね。とにかく、ムングァンが門を開けてから狂乱が始まるんです⁽⁵⁾」。ムングァンの漢字はわからないが、ポン・ジュノ監督によれば「門狂」、つまり地獄の門を開ける人物だ。ムングァンがチャイムを鳴らしたことで映画の前半と後半がはっきりと分かれる『パラサイト』は、ブラックコメディからスリラーの残酷劇へと変わる。

　その結果、ギテク一家の平穏で幸せな日常は一瞬にして崩れ、殺人事件に行きつく。幸と不幸はコインの両面のようなものだ。表から見れば幸せでも、裏から見れば不幸になる。そのコインは幸と不幸のどちらに位置づけられるだろうか？　結局、その意味をはっきりと規定することはできない。ポン・ジュノ監督は、『TENASIA』（2019年5月31日）のインタビューで『パラサイト』について「この映画は悪人が出てこないのに悲劇で、道化師が出てこないのに喜劇でもある」と語った。『パラサイト』の国際版ポスターを見ると、水の上に浮かんだ巨大な山水景石の頂上にギテク一家、石の台座にはパク社長一家がそれぞれ座ったり立ったりしている⁽⁶⁾。水面には彼らの影が映っており、よく見るとギテク一家とパク社長一家のポジションが入れ替わっている。影ではパク社長一家が山水景石の頂上、ギテク一家は台座の位置にいるのだ。上下が完全に「逆転」したこのポスターは、ポン・ジュノ監督の言う「悪人不在の悲劇、かつ道化師不在の喜劇」のアイロニカルな現象を雄弁に物語っている。片や、ポスターの左上には8個の桃の実がなった

木の枝が見える。桃は古来より仙人が食べる果物であり、長寿と福を呼び込むとされる。道教においては仙人の住む地になる果物だ。[7]ところが、水に映った木の影には枝しかなく、桃の実は見当たらない。桃に象徴される長寿と幸福は、ギジョン、パク社長、グンセ、ムングァンの死や不幸へと急変した。幸と不幸は誰にも予測できないのだ。幸せだった日常が一瞬にして崩れ、凄まじい不幸や悲劇に行きつく可能性は常にある。

　ムングァンには極度の桃アレルギーがある。そのため、パク社長宅では桃が禁断の実だ。ダヘは一番好きな果物である桃を食べられず、いつも不満に思っている。ギテク一家は、ムングァンの桃アレルギーを悪用してパク社長宅から追い出す。ギウはムングァンにカミソリで削った桃の毛を振りかける。激しく咳をするムングァンは悪化したアレルギー症状が原因で病院へ行き、ギテクは百貨店でショッピングを終えたヨンギョを乗せてパク社長宅へと向かう。車の中で、彼はヨンギョにムングァンが結核患者だと話す。ヨンギョが家に着くと、ギジョンはムングァンに桃の毛をさっと振りかける。ムングァンはひどく咳込み、口を押さえたナプキンをゴミ箱に捨ててトイレへ駆け込む。ギテクはゴミ箱のナプキンに「ピザ時代」の使い捨てホットソースを付着させて喀血の証拠をでっち上げ、ヨンギョに見せつける。ギテク一家の計略によって、ムングァンはたちまち結核患者に仕立て上げられる。そのことを理由にムングァンは解雇され、パク社長宅から追い出される。代わりにチュンスクが家政婦となり、ギテク一家は全員パク社長宅で職に就くことになる。桃は長寿の象徴だが、このように状況によっては短命の象徴に変わることもあり得る。桃アレルギーは、ムングァンが長生きできないことの伏線である。ギテク一家の策略によってパク社長宅を去ったムングァンは、しばらくして雨の日に地下室にいる夫のグ

ンセの面倒を見ようとチャイムを鳴らして現れる。彼女がギテク一家の詐欺行為の全貌を知ることになる一方、ギテク一家は地下室に住むグンセに出会う。ムングァンは、雨でキャンプの予定を切り上げて帰宅したヨンギョにギテク一家の詐欺行為について伝えようとキッチンへ向かう。チュンスクは咄嗟にムングァンを足で押す。地下室の階段を転げ落ちて重い脳震盪を起こしたムングァンは、脳の損傷によって地下室でゆっくりと死んでゆく。パク社長を殺したギテクは地下室に身を隠し、死んだムングァンを庭の大きな木の下に埋葬する。桃が発端となってあらゆる状況が変わった。ムングァンの解雇と再登場は、映画の後半で巻き起こる悲劇の根本的な原因だ。『パラサイト』の国際版ポスターで実のない桃の木の枝はモノクロで描かれ、その姿は奇怪で物寂しい。消えた桃の実は、不幸な死を遂げたギジョン、パク社長、グンセ、ムングァンを暗示している。ポスターの左上に色付きで描かれた赤い桃の実は生命、左下の痩せた桃の枝は死の象徴だ。つまり、桃によって映画の登場人物の生死が決定されているのだ。

予測不可能性と「象徴的なもの」の意味

　世の中で起きるあらゆる出来事は、常に変化に富んでいる。変化の中で人間の運命も変わり、それとともに物事の意味や機能も変わる。山水景石と桃はそのことをよく表している。パク社長宅の広いリビングには、大きな絵が一点かけられている。その絵は画家パク・スンモの「maya 0513」(2016) だ。遠くからは森が描かれているように見えるが、近づくとそれはステンレスのワイヤーメッシュ、つまり金網の塊である。作品のタイトルの「マーヤー」は、サンスクリット語で「幻」を意味する。何かが存在するように見

パク社長宅のリビングにかけられた画家パク・スンモの「maya 0513」

えても、それは幻影・幻想に過ぎない。仏教の教理によれば物事は「虚相」だが、人間はそれを「実相」だと錯覚する。人間を含む一切の万物に、固定不変の実体などはない。あらゆる存在は因縁の化合によって生じ滅するため、固定不変の「自性（本来備えている真の性質）」はなく、絶えず変化する「無常」の状態に置かれている。結局、私たちが見ているものはすべて「仮相」であり「虚相」なのである。ポン・ジュノ監督は現実の存在と空虚な幻想の境界性を探り、パク・スンモの作品を小道具として活用することで、私たちが今見ている中に確固たる意味を持つものはなく、文脈によって常にその意味は変化し得ることを教えてくれる。監督によれば、世の中のあらゆるものは可変的なのだ。

『母なる証明』において、息子の無罪を証明すべく全力を傾ける母は息子のために殺人を犯す。その化け物じみた母性には愛、執着、狂気がない交ぜになって入り乱れている。殺人を犯した息子

は釈放され、母も太腿に鍼を打って自分の犯した殺人の記憶を消してしまう。息子のトジュンの代わりに、身寄りのないダウン症の孤児ジョンパル（キム・ホンジプ）が殺人犯として連行され監獄へ送られる。母は息子が殺人犯だと知りながらジョンパルから目を背ける。母は息子を愛する天使でもあり、息子のために殺人を犯す悪魔でもある。『母なる証明』において善と悪の境界線はない。天使の母はいつ悪魔に豹変するかわからない。『パラサイト』で、美しい形の鑑賞物である山水景石は一瞬にして凶器へと変わる。財運や合格運を呼び込むはずの山水景石は、最終的に殺人事件につながる悲劇的な破局の発端となる。美しい寿石が凶器に変わり、人を攻撃する道具になり果てるのだ。美しさは瞬く間に醜さへと変わる。『パラサイト』が教えてくれるように、私たちが慣習的に考える美醜にも実は境界線がないのだ。美が醜に急変するのは、予測不可能な偶然のきっかけによる。ポン・ジュノ監督が注目するのは、喜劇と悲劇、美と醜が入れ替わる逆説的な状況だ。逆説的な状況が生まれるのは、世の中で起きるあらゆることが予測不可能だからだ。監督にとっての象徴性とは、すなわち予測不可能性を意味する。『パラサイト』はその予測不可能性にまつわる真摯な探求の記録なのである。

註

(1)『パラサイト』に関するさまざまな議論については이동진〔イ・ドンジン〕，《이동진이 말하는 봉준호의 세계〔イ・ドンジンが語るポン・ジュノの世界〕》，위즈덤하우스，2020，1–148 쪽；한국미디어문화학회〔韓国メディア文化学会〕엮음，《'천만 영화를 해부하다' 평론 시리즈 5 기생충〔「ミリオンヒット映画解剖」評論シリーズ 5 パラサイト〕》，연극과 인간，2020；고미숙〔コ・ミスク〕，《기생충과 가족，핵가족의 붕괴에 대한 유쾌한 묵시록〔パラサイトと家族、核家族の崩壊に関する愉快な黙示録〕》，북튜브，2020 参照。

(2) 봉준호・한진원・김대환・이다혜〔ポン・ジュノ／ハン・チンウォン／キ
　 ム・テファン／イ・ダヘ〕,《기생충 각본집〔パラサイト脚本集〕》, 플레인
　 아카이브, 2019, 189 쪽.

(3) 中国と韓国の文人たちが愛好した奇石あるいは怪石に関する詳細事項
　 は Robert D. Mowry, ed., *Worlds Within Worlds: The Richard Rosenblum
　 Collection of Chinese Scholars' Rocks* (Cambridge, Mass.: Harvard University
　 Art Museums, 1997); John Hay, *Kernels of Energy, Bones of Earth*(New York:
　 China Institute in America, 1985); 이종묵〔イ・ジョンムク〕,〈조선시대
　 怪石 취향 연구―沈香石과 太湖石을 중심으로―〔朝鮮時代の怪石趣向研
　 究―沈香石と太湖石を中心に―〕〉,《韓國漢文學研究》70, 2018, 127–158
　 쪽 ; 고연희〔コ・ヨンヒ〕,〈18 세기 회화繪畫의 정원 이미지 고찰―'괴석
　 怪石 '을 중심으로―〔18 世紀絵画の庭園イメージ考察―「怪石」を中心
　 に―〕〉,《인문학연구〔人文学研究〕》23, 2013, 5–35 쪽 参照.

(4) 봉준호・한진원・김대환・이다혜〔ポン・ジュノ／ハン・チンウォン／キ
　 ム・テファン／イ・ダヘ〕,《기생충 각본집〔パラサイト脚本集〕》, 플레인
　 아카이브, 2019, 44 쪽.

(5) 봉준호・한진원・김대환・이다혜〔ポン・ジュノ／ハン・チンウォン／キ
　 ム・テファン／イ・ダヘ〕,《기생충 각본집〔パラサイト脚本集〕》, 플레인
　 아카이브, 2019, 183 쪽.

(6)『パラサイト』を宣伝するための国内外用ポスターに関する社会記号学的
　 分析については김가이〔キム・ガイ〕,〈국내외 영화 포스터의 시각적 구
　 성 관계에 따른 의미작용 연구―'기생충 ' 영화 포스터를 중심으로〔国内
　 外映画ポスターの視覚的構成関係に沿った意味作用研究――『パラサイ
　 ト』映画ポスターを中心に〕〉,《상품문화디자인학연구〔商品文化デザイ
　 ン学研究〕》62, 2020, 323–333 쪽 参照.

(7) 桃の象徴性については Wolfram Eberhard, *A Dictionary of Chinese Symbols:
　 Hidden Symbols in Chinese Life and Thought*, trans. G. L. Campbell (London and
　 New York: Routledge & Kagan Paul, 1986), pp. 227–229 参照.

参考文献

고미숙〔コ・ミスク〕,《기생충과 가족, 핵가족의 붕괴에 대한 유쾌한 목시
　 록〔パラサイトと家族、核家族の崩壊に関する愉快な黙示録〕》, 북튜브,
　 2020.

이동진〔イ・ドンジン〕,《이동진이 말하는 봉준호의 세계〔イ・ドンジンが語るポン・ジュノの世界〕》, 위즈덤하우스, 2020.

봉준호・한진원・김대환・이다혜〔ポン・ジュノ／ハン・チンウォン／キム・テファン／イ・ダヘ〕,《기생충 각본집〔パラサイト脚本集〕》, 플레인아카이브, 2019.

한국미디어문화학회〔韓国メディア文化学会〕,《'천만 영화를 해부하다' 평론 시리즈 5 기생충〔「ミリオンヒット映画解剖」評論シリーズ5 パラサイト〕》, 연극과 인간, 2020.

고연희〔コ・ヨンヒ〕,〈18 세기 회화繪畵의 정원 이미지 고찰—'괴석怪石'을 중심으로—〔18 世紀絵画の庭園イメージ考察—「怪石」を中心に—〕〉,《인문학연구〔人文学研究〕》 23, 2013, 5–35 쪽.

김가이〔キム・ガイ〕,〈국내외 영화 포스터의 시각적 구성 관계에 따른 의미작용 연구—'기생충' 영화 포스터를 중심으로〔国内外映画ポスターの視覚的構成関係に沿った意味作用研究——『パラサイト』映画ポスターを中心に〕〉,《상품문화디자인학연구〔商品文化デザイン学研究〕》 62, 2020, 323–333 쪽.

이종묵〔イ・ジョンムク〕,〈조선시대 怪石 취향 연구—沈香石과 太湖石을 중심으로—〔朝鮮時代の怪石趣向研究—沈香石と太湖石を中心に—〕〉,《韓國漢文學研究》 70, 2018, 127–158 쪽.

Eberhard, Wolfram, *A Dictionary of Chinese Symbols: Hidden Symbols in Chinese Life and Thought*, G. L. Campbell trans., London and New York: Routledge & Kegan Paul, 1986.

Hay, John, *Kernels of Energy, Bones of Earth*, New York: China Institute in America, 1985.

Mowry, Robert D., ed., *Worlds Within Worlds: The Richard Rosenblum Collection of Chinese Scholars Rocks*, Cambridge, Mass.: Harvard University Art Museums, 1997.

5

チェ・ギスク

映画『パラサイト』と
嫌悪感情

——テクストはいかにして生活にあふれ出すか

「BTS とファンダム」「『パラサイト』と観客」の関係

　2020 年 9 月 1 日、BTS（防弾少年団）がデジタルシングル
「Dynamite」でビルボードの「Hot 100」チャート 1 位に輝き、そ
の後 2 週連続でトップを独占して話題となった（2021 年 6 月 2 日
現在ミュージックビデオは再生回数 11 億回、新曲「Butter」で再び「Hot
100」チャート 1 位に返り咲いた）。メンバーの発言・態度・趣向・行
動がグローバルなファンダムの話題に上り、一連のアルバム『Love
Yourself』、『Map of the Soul』、『Be』で世界の音楽ファンに送った
励ましとヒーリングのメッセージは受け手の人生の糧となる有意義
なコンテンツとして位置づけられるようになった。そこには、デ
ジタルメディアを通じてメンバーの人生や思い、内面を共有したコ
ミュニケーションの動力が作用している。BTS のファンダム[1]の間で
は、ミュージックビデオのキャラクターやナラティブが象徴するも

のへの自由な解釈を通じて、デジタルコンテンツを読み解くインタラクティブな過程を共有・拡散するエンターテイメント文化が生まれている。[2]

　文化コンテンツに込められた意味や象徴性を読み解く能力は、もはや特定の専門家が占有するものではなく集合知、デジタルノマドやSNS利用者の共有資産となったのだ。アイドルのちょっとした言動すら意味のあるナラティブに仕立て上げ、象徴性をデザインするネットユーザーの能力は、それ自体が音楽というジャンルをある種の感性のメッセージとして創造し直すジャンルの変容とデジタル・コミュニケーションに繋がる。[3]ファンは各種メディアのプラットフォームに自ら編集・制作したBTSのコンテンツをアップロードし、無料でシェアする。それは、メディアを通じたスター（コンテンツ）とファンダムの相互作用というカルチャー体験が蓄積した結果だ。それだけでなく、オンライン／オフラインを行き来しつつBTSのメッセージに応える現場での実践に参加する（ミクロレベルでは、コンサートでBTSが投げかけたメッセージに力づけられて傷を癒す、鬱を克服する、主体性を手に入れる、自分を愛するなどの日常的な実践に該当する。社会的な面では、個別またはメンバーと共に行うファンダムによる寄付行動、森作り、リーダーRMの読書や展示観覧に関するインスピレーション、あるいは国内外の書店の推薦図書などが挙げられる）。

　今や、大衆文化コンテンツのファンダムは単なる受動的で一方的なオーディエンスではない。リアクションそのものをコンテンツとして生成する制作者であり、批評家や発信者でもある。デジタル時代には誰もが何かの専門家であり、関心が向きさえすれば小さな言動や行動、表情までもがコンテンツを構成する素材として無限の再生産の原資（オリジナルソース）となるのだ。

　オスカー受賞を機に、映画『パラサイト』もグローバルな観客の

高い関心を集める K- コンテンツとして浮上した。その関心度と同じくらい、テクストに対するグローバルな受け手による解釈も活発だ。YouTube には『パラサイト』[4]の解釈を巡る韓国語や英語によるコンテンツが無数にアップロードされ、それぞれ世界各国の言語で数千、数万のコメントやリプライがやりとりされている（主な内容は映画の伏線やディテールの象徴性に関する解釈だ）。その規模や数は、『パラサイト』を対象とした研究論文や書籍の刊行数に比べて比較にならないボリュームとなっている。ただし、デジタルプラットフォーム上のネットユーザーの批評が直観的で自律的、かつ制度の外にあるとすれば、論文や書籍の形をとった知的な著作物は学術的な検証を経たアカデミアの産物であるという違いがある[5]。

デジタルプラットフォームにおける BTS のコンテンツと映画『パラサイト』を巡る受け手の行為・実践の様相は、似通っていながらも顕著な違いがある。いみじくも、それは両者のメインテーマと言える「ヒーリング力（意味論的な隣接語として愛、友情、癒し、治癒、真心、魂、尊重など[6]）」と「嫌悪感情（無視、軽蔑、差別、排他、敵対を含む）」の違いと同じくらいギャップがある。BTS のコンテンツ制作やコメントに韓国語と世界各国の言語が混在しているのと異なり、『パラサイト』関連の YouTube コンテンツは国籍や言語圏別に分かれたコミュニケーションの構造を示しているのも特徴だ。その違いは、単に音楽と映画というジャンルの違いとして片付けられない距離を内包している。

本稿では、映画『パラサイト』を取り巻く学術とオンライン／オフラインの批評の場でまだ本格的に扱われていない「嫌悪感情」について論じ、受け手として観客が映画を鑑賞することの効果、あるいはテクストの享受「後」の文化的実践を顧みる機会を持ちたい[7]。そのため、映画の中で嫌悪感情を再現して象徴化し、観客との実質

的な共感の場を形成する方法として俳優の演技に注目する。焦点を当てるポイントは次の4つだ。

1 俳優が嫌悪感情を再現する行動や表情、演技（acting）や台詞の分析。

2 映画の全面に現れた感性として作用する嫌悪感情を見つめる、映画内部の視線および観客の視線の解明。

3 映画のメインの素材であり俳優の所作の核心でもある嫌悪感情が、映画の外の現実と結ぶ関係についての洞察。観客が体験する嫌悪感情の現実における影響力に関する考察。

4 『パラサイト』鑑賞後、デジタルプラットフォーム上で分析をシェアした人自身が美的主体から知的主体となる過程で排除されたテクストと現実の結びつきの奪還、美的主体性の回復についての洞察。

嫌悪のアウティング

21世紀の韓国社会は、新種の接尾辞「충（虫）」を編み出して社会的な嫌悪を量産してきた〔2010年代半ば頃から、迷惑をかける子供を叱らない母親を虫に喩えた「맘충（ママ虫）」などの嫌悪感を煽る数々の流行語が生まれた〕。近年、それに対する抵抗や反省が顕在化するようになり、さらなる「虫」の生産は留保されているように思われる。そして『パラサイト（寄生虫）』の登場に人々は熱狂した。許容された「虫」の饗宴に、笑いの爆竹が炸裂したのだ。

映画『パラサイト』の感情設計は複合的だ。映画を観ている間、観客の感情移入と批評の距離感は自由に調節できるが、感覚的に反応する自分のポジションに居心地の悪さを覚える瞬間が訪れる。ギテク一家の振る舞いにひとしきり笑っている自分は大丈夫なの

か？　ヨンギョの態度を密かに嘲笑っている自分には、果たしてその資格があるだろうか？　ムングァン夫妻の奇抜な行動に感嘆したり、ふと恐怖を覚えたりしているこの状態は何なのか？　愚かだと思っていた「虫」たちの世界が決して馬鹿にできないものだと直感した瞬間、観客は半地下で無防備に面白がっていた窓の向こうの風景が、巨大な寄生虫（パラサイト）を宿したメガサイズの宿主であることを悟るのだ。

　映画の中で階層間の区別ははっきりしている（『パラサイト』の議論の大部分は「階級論」だ）が、各階層は現実空間での出会いや衝突によって接点を形成する。ギテクの家にミニョクがやってきて、ピザ店の社長が訪れ、ヨンギョの家に戸籍の異なる人たちが出入りする。半地下に雨水が入り込み、ざぶざぶと溢れるようにギテク一家がヨンギョの家に押し寄せるのは、まるで寄生虫が宿主に寄生するように「事実上の侵入」の意味ネットワークを生成する。

　ギテク一家の「計画」は「詐欺・いかさま」に該当するが、自分たちに免罪符を与える。宿主と寄生者を見つめる観客は、その両方を（あざ）笑っている瞬間がある。自分はどちら側でもないとでも言うように（あれほど金持ちではないから。あそこまでずる賢くはない。あんなに道理に反してはいない）。観客は図々しさと愚かさの間を綱渡りしながら、自分自身の態度とポジションを液体のように変える。

　映画の中と外は嫌悪のアウティング、無限のミラーリングで入り乱れている。

嫌悪の演技

　映画『パラサイト』において、嫌悪感情を表現するのは俳優の演技と台詞だ。演技は感情や行動と表情によって可視化する。本稿で

は、舞台上の俳優の動作はあたかも彫刻のように瞬間の美学を捉えねばならないという鈴木忠志の演技論（別名「鈴木メソッド」）を参照しつつ[8]、17世紀のオランダで「顔」「頭」あるいは「表情」を意味する単語として使用され、人物の顔の表情に集中した絵画のジャンル「トロニー（Tronie）[9]」、ロラン・バルトが写真論で提唱した「ストゥディウム（studium）」と「プンクトゥム（punctum）[10]」の概念を借用し、『パラサイト』における嫌悪の演技の意味論的記号分析に関する洞察的な解釈を行う。

ギテク一家

寄生虫はきわめて小さいが、宿主を食い物にして種の生命を維持し、しまいには宿主を殺すこともある。寄生虫の行動が遺伝子に「計画された」本能によるものだとすれば、ギテク一家は「意図的な」計画でアプローチする。彼らは大した仕事もなく貧しいが、意気消沈しているようには見えない。むしろ世界の隙を巧妙に突いて利用するハンターであり、必ず成功させる企画者だ。一家は未来を先取りして現在の「詐欺」を正当化する（「父さん、僕はこれが偽造だとか犯罪だとは思っていません。来年この大学に行くんですから」）。父は息子のささやかな努力にも激励を惜しまないメンターだ（「さすが、お前にはちゃんと計画があるんだな！」）。息子のやる気を削いで自分と同じくらい成功してみろなどと豪語する家父長とは違う（「息子よ、父さんはお前が誇らしい」）。彼らは集合知として協力するチームプレイヤーだ（「ピザ時代」の雇用創出、ヨンギョ家の職場化。チームプレイ戦略はメンバー間で「計画」と名付けられる詐欺・いかさま・偽造・謀略だ[11]）。

　正攻法で階級ピラミッドを上ることは到底無理なので、「計画」を大義名分にした「詐欺戦略」を動員する。彼らは宿主の隙を素早く見抜いてぐいぐいと接近する。設定を暗記するために替え歌を口

ずさんでリズムに乗る姿には、一家の生き方が集約されている。金持ちは少しぐらい損害を被っても問題にならない「ことにして」、カモにして寄生する行為を正当化する。その過程で、金持ちだけでなく弱者（運転手、家政婦）や自分たち（運転手を雇用させるためにギジョンが車内でした行為）さえ搾取する。彼らは身内に寛大な、血縁を中心とした公助の協力体制だ。

ドンイク／ヨンギョ一家

　富裕層を象徴するヨンギョは、初登場シーンで庭に置かれたパラソル付きテーブルに突っ伏して居眠りしている。教養や高度な労働を演出せず、有名建築家が設計した家の庭で「居眠りしている」ヨンギョを「無視」の対象としてコンテクスト内に位置づけるのは、手を叩いてヨンギョを起こすムングァンの所作である（ムングァンは、熟練の大人が子供を扱うように雇用主のヨンギョに対応する。後にゴミ箱に捨てられたちり紙のように解雇されるのだが）。

　録音されたヨンギョの声だけを聞いたとしたら、教養や富と関連付けて評するのは難しそうに思える。ヨンギョが突然おぼつかない発音の英語を話した瞬間、客席から笑いが漏れるのも同じ理由だ（チョ・ヨジョンの英語の演技は、ヨンギョが留学経験者でもネイティブでもないことを示す一種の「アウティング」効果を持つ。ヨンギョの「良くない発音」はシナリオ段階から計画されたものだが[12]、ネイティブとして生まれ持ったものでなければ馬鹿にしてもいいのだろうか）。

　夫ドンイクの声は重低音で権威的なトーンを維持する。礼儀正しく話しているのに不快に聞こえるのは、表向きの親切さとつり合わない威圧的なトーンのせいだ（これもイ・ソンギュンが選んだ演技の形だ。ドラマ『マイ・ディア・ミスター』での重低音の発声は、サラリーマンの憂鬱と苦しみを表現していた）。

［シーン1］（47:26）　ドンイクがギテクに「短所と言えるのは1つだけ」と家政婦（ムングァン）について評価するシーン。称賛と卑下が混ざっている。卑下を打ち消すために長所を付け加える行為が、ドンイクの偽善性と卑怯さを表現している。嘲弄は主に言葉の暴力として行われるが、ドンイクは軽蔑の表情ひとつで嘲笑と嘲弄を演じ、オランダの絵画のジャンル「トロニー」を連想させる。絵画史における嘲弄の表現は、顔を歪める、舌を出す、鼻筋に親指を当てる、指の動きや手つき、拳、尻を出すなどの身体表現で記号化されている⁽¹³⁾。ドンイクの嫌悪の演技はそうした露骨な記号によるものではなく、満面の笑みを浮かべた威厳のある表情によって行われ、偽善のコンテクストを生成する。

［シーン2］（1:48:20）　ダソンの誕生パーティーで、ギテクはドンイクと同じネイティブ・アメリカンの扮装をしたことで、わずかながら対等な立場で会話をする「過ち」を犯す。「これも仕事のうちでしょう？」と応じ、雇われ人であるギテクの地位を自覚させるドンイク。ギテクに向ける軽蔑の目はイ・ソンギュンの嫌悪の演技だ。

ドンイクは相手を常に観察・監視して評価する（試運転をするギテクへのコーヒー・テスト〔コーヒーの入ったカップを手に車に乗り、水面の揺れを見て運転技術をチェックするシーン〕）。彼は資本主義社会における「甲」だ（ギテクはそれを容易に察して頭では馬鹿にするが、一線を越えるのは簡単ではない[14]）。

　ドンイクの話し方は親切さとマナー、嫌悪と無視を行き来して優越感を纏う。好きなように無視しながら、親切さやマナーでカバーされた風格を保つ贅沢までが金持ちの特権である。彼は、一線を越えてはならないと何度も警告する。

　嫌悪は線を引いて区別することの核心にあるものだ。富者が貧者を、雇用主が雇われ人を線引きし、そして見えない所では当然その逆の演出がある。嫌悪は跳ね返って複製され、連鎖して生き延びる。ドンイクとヨンギョの一家は家族同士でも嫌悪する。ダヘは家庭教師のケビン（ギウ）の前で弟のダソンが芸術家のコスプレをしていると貶す。嫌悪は、社会生活の感覚が最初に形成される家族の段階から内面化されている。

　ヨンギョとドンイクの地位に亀裂を入れる存在がギテク一家だ。ダヘとダソンの家庭教師としてやってきたギウとギジョンは、「純粋で優しい」金持ちのヨンギョをカモ扱いする（ミニョクすらヨンギョを「シンプルだ」と表現していた。その意味がわからなかった観客は「ようやく」それを理解して吹き出す。客席で弾ける笑いの花火は、観客の嘲弄を洞察ではなくユーモアのポイントに転換する）。

　しかし、ヨンギョやドンイクが偽善者に思えるなら騙してもいいのだろうか？　作品中、ドンイクとヨンギョが不当な方法で富を得たという情報はどこにもない（不当に富を得ていたとしても、騙すのはまた別の問題だ）。それは映画のコンテクスト（cinematic context）から自ずと導かれ、そこにはその家の資本力に寄生したことを正当化

しようとするギウやギジョン、ギテク一家の欲望に由来する力が働いている。これは、ドンイクとヨンギョ一家に対する観客の嫌悪を代わりに正当化するものだ。

ムングァンとグンセ

ムングァンはもともと、ドンイクとヨンギョの家を設計した建築家が雇った住み込みの家政婦だった。ドンイクとヨンギョ一家が引っ越してきた際に、まるで物品を引き継ぐようにそこに残ることになる。ムングァンは家事に長けており、サービスに徹する感情マシーンである。ドンイクとヨンギョの家で働いていた頃の演技は完璧だったが、追い出されてからは感情マシーンが誤作動を起こすようになる。

ドンイクとヨンギョ一家がキャンプに出かけた日、インターホンを鳴らすムングァンはぞっとするような笑みを浮かべる。機械化された感情労働が恐怖であり、嫌悪でもあることを体現している（相手を心のこもった感情のやりとりの対象として認めないという拒否の宣言であるため）。常に笑っているムングァンの機械的な感情は、「不安障害」型の「抵抗装置」だ。

ムングァンは雇用主のヨンギョをそれとなく無視する。有名建築家が設計した家に住み高価な絵で飾り付けても、その価値をわかっていないと思っている。薄っぺらい知識の権力は、ムングァンにとって上ることの叶わない資本ピラミッドを無力化できる唯一の有力な攻撃の道具だ。グンセも例外ではない。

富、計画、教養、知識を巡る優越感プレイは、相手を変えながらどこまでも無視と嫌悪感情を正当化する。嫌悪は困窮した現代人の呼吸装置である（当然その呼吸は不健全であり、呼吸過多の結果感情システムの崩壊に至る）。

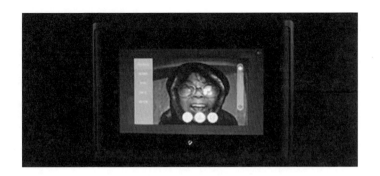

　[シーン3]（1:03:52）　ムングァンがドンイクとヨンギョの家のインターホンを鳴らし、映画は反転の幕開けを知らせる。髪をアップにしたスーツスタイルの家政婦だった頃とはまったく別人のようだ。ムングァンの表情は、俳優にとっての衣裳のような演技の小道具だ。何が真実なのか問う必要はない。ムングァンは状況によって変わる存在であり、人は誰しもそうだということを体言している。観客は、理解できないムングァンの表情を一種の「プンクトゥム」の瞬間として体験する。幾重もの四角い枠に閉じ込められたムングァンの表情は、不可解な迷宮のように観客に謎を投げかける。これを起点として、映画はコミックからホラーへと「情動変換（affective switch-over）」する。

　雨の中訪ねてきたムングァンが地下室へ駆け降りてグンセに哺乳瓶を吸わせるシーンは、いかにも変態じみていて奇怪だ。ムングァンの地下室は、幼児退行した無意識を空間の形で表す（ムングァンは階段を上る際、赤ん坊か獣のように四つん這いになる。直立歩行から退行した赤ん坊のような、あるいは野蛮な状態であることを体言している）。グンセは、自分を養っているドンイクに敬意を表することで人間らしさを保っていると考える。それもやはり奇怪であり、地下室の感情は終始グロテスクだ。

　［シーン4］（1:14:34）　ドンイクとヨンギョの家のリビングで踊り、陽射しを楽しむムングァンとグンセ。鈴木忠志は、俳優の動作は彫刻のように美的な意味を担保せねばならないと強調する。ムングァンとグンセがワルツを踊る動作は、抑圧された地下生活者の感覚が活気を得て花開いたかのように優雅に見える。しかし、その根本には欺瞞や無視、嫌悪があり、決して健全とは言えない不安定な快楽、偽物の幸福だ。このシーンは、外出中にムングァン夫妻に家を占領されている事実をまったく知らないドンイクとヨンギョ夫妻、建築物の芸術性がわからないギテク一家、幸せだった過去を回想して優越感を感じていても現在は危ういグンセの欺瞞さえも嘲弄する。

優越感プレイ、嫌悪のミラーリング

　映画『パラサイト』では、多種多様な嫌悪の感情や行動がプラモデルのように陳列される。嫌悪は連鎖する。ギテク一家は壁に寄りかかって嘔吐する酔っぱらいを嫌悪し、ピザ店の主人は箱の組み立てを間違えた（どう見ても自分より上の）チュンスクに友達口調で話し、無視をする。ミニョクは、ギウなら安心してダヘを任せられると言って男としての魅力を無視する（「安全」と「信頼」のレトリッ

［シーン5］（1:44:59）　鼻を塞ぐヨンギョ。視線はギテクに向けられており、嫌悪の対象を示している。

［シーン6］（38:44）　「私も、1つの仕事を長く続けてきた方を尊敬します」と言うドンイク。その言葉にそぐわず表情は傲慢だ。シニフィアン（記号表現）としての言葉とシニフィエ（記号内容）としての表情が一致しない。

［シーン7］（39:34）　ムングァンがドンイクとヨンギョ一家を嘲けるように見つめる。ギジョンが見抜いた一家に向けられるムングァンの嫌悪を体現している。

クが「無視」の代わりとなる。このときダへは「未成年・女性・学生」の
３重に抑圧された立場にあるが、「金持ちの娘」であることを理由に抑圧の
不公平感は薄まる)。

　建築の美しさを理解せずにそこで暮らすヨンギョをムングァン
は嫌悪し、結核保菌者に思えるムングァンをヨンギョは嫌悪する。
「不遇な隣人どうしでこんなことやめましょう」と懐柔しようとす
るムングァンを、チュンスクは強いて「線引き」して嫌悪し、ヨ
ンギョとドンイクは麻薬を摂取してカーセックスをしている疑いの
ある運転手のユンを嫌悪する（彼らは、自分たちが軽蔑していたはずの
「卑しい真似」を羨む俗物性と偽善を体現している）。「ジェシカ」になり
すましたギジョンは、家政婦としてやってきた母のチュンスクをぞ
んざいに「おばさん」扱いしてまで嫌悪の権威を死守する。ギジョ
ンにとって、嫌悪の装置は倫理よりも優先される生存手段なのだ。
ケビンとなってドンイクとヨンギョの家を訪れたギウが広々とした
景観を見渡すとき、観客はいつの間にかそれを不格好と見なす何者
かの視線となってギウを見下している。『パラサイト』は嫌悪の曼
荼羅である。

　観客が日常の中で抱いてきた嫌悪は、映画のシークエンスとして
ミラーリングされる。

感情と意識／無意識の地層

　『パラサイト』で階層化されているのは「資本」や「財力」だけ
ではない。感情とその再現を司る意識と無意識もやはり垂直方向に
階層化される。意識を表象する地上階では偽善と詐欺が乱舞してい
る。所有者さえその正体を知らない地下は、徹底的な無意識の空間
を象徴する。隠蔽されているが、それは「常に」作動している。ギ

テクとチュンスク、そしてジェシカの匂いが同じだと本能的に勘づいたダソンは、地上階に「まだ」残っている無意識のセンサーだ（ダソンはグンセを目撃したのであってお化けを見たわけではないため、彼のトラウマは現実に隠れた真実を目の当たりにした芸術家の神経症状だ）。

ギテクの半地下には意識と無意識が共存しており、剥き出しの感情と覆い隠された感情が一緒くたになっている。罵詈雑言、羞恥、嫌悪、無視、虚栄、誇示、虚勢が混ざっている。半地下は、食べていくためにピザの箱を組み立てる労働・生計の空間であり、一家の利益（ギウの就職）のためのあらゆる偽造や演技を実習する偽りの空間だ。ある意味、「半地下」の空間は健全な普通の世界である（便宜性や生存のために「少し」法を犯すことが、「融通が効く」ことの名目として通用する世界）。そこを脱け出してドンイクとヨンギョの家へ移住することで、彼らの生命力には歪みが生じる。

感情システムの亀裂、そして崩壊

人と人の間における通常の意思疎通は、２者間・多者間の対話として行われる。しかし、人は他者と対話している時も自分自身に向けて意思を表している。つまり感情の意思決定だ。表向きは礼儀正しく話していても内心はそうではない場合、２重の感情は同時に発散されるが、両者は逆方向を向いている。感情の認知と再現が一致しなければ感性システムには亀裂が入り、最終的に爆発するかのように崩壊してしまう。

観客は俳優の演技を通じて思考と表情、身体と顔、感情と言葉、魂と身体の食い違いを知覚し、表情と視線によって顔にまで亀裂が入っていることに気づく。観客は、『パラサイト』に注ぎ込まれた超自我、自我、イド（フロイトの精神分析の用語で、快楽原則に支配さ

[シーン 8]（1:45:54）　他のことを考えているみたいだとダ
ヘに言われて否定するギウ。言葉と表情が食い違っている。窓に
映った自分の姿をギウは見ていない。

[シーン 9]（1:45:35）　「ちゃんと馴染めているか」と質問す
るギウに、きょとんとした表情で頷くダヘ。心のこもっていない
肯定、意思疎通不在のコミュニケーションを表現している。

［シーン10］（1:37:07 ～ 1:38:19）ムングァンがグンセに「あなた〜。チュンスクさんは本当に良い人なのに、私を蹴落とした」と言う。「良い人」という判断と「蹴落とした」という行為の意味が一致しない。

［シーン11］（1:55:50）　自分を知っているのかというドンイクに、グンセが「リスペクト！」と叫んでいる。尊敬と言いながら嘲弄する現象だ。グンセの「メンタル」崩壊を、言葉と表情の不一致によって表現している。

れる無意識の本能)はもちろん、複数の人物に内面化された虚勢、意識、秘密、嘘、昇華、無意識の複合性を汲み取らなければならない。なぜなら、映画は観客が特定の人物のみに感情移入できないように、感情の溜め水を徐々に下水に流すことで最終的に堤防を決壊させる状態を作るからだ。

　ギテク一家は最初から詐欺集団だったわけではない。映画の序盤でチュンスクがギテクに「計画はあるの?」と訊ねたとき、「計画」の意味は真っ当なものだった。ミニョクが財運や合格運を呼び込むという山水景石を持ってくるまで、ギテク一家はピザの箱を組み立てて日銭を稼ぎ、食事を楽しむありふれた家族だった。

　しかし、ミニョクが「安全な」ギウに家庭教師を引き継いで虚栄心を刺激し、ギジョンの器用さが文書偽造を媒介にした「計画」にインスピレーションを与えたときから、彼らは制御不能な軌道に乗ることになる。ギウは危機の瞬間「ミニョクならどうするか」とシミュレーションするが、それ以降ミニョクの呪いから決して逃れられない。映画のクライマックスでギウは山水景石を川に沈めるが、それは馬鹿げた欲望の束縛から自由になるためではない。むしろ、山水景石が「象徴する」虚勢や呪いを内面化したギウは、もはやそ

[シーン 12] (1:57:47)　ギジョンの遺骨が保管されている納骨堂で、チュンスクは泣き、ギウは笑っている。

[シーン13] 映画『ジョーカー』（2019）の一場面（Google）

映画『ジョーカー』の主人公アーサー・フレック（ホアキン・フェニックス）のピエロの扮装も、壊れた感情システムを表象している。ホアキン・フェニックスが「扮装」によって内面と顔（表情）の不一致を体言したとすれば、俳優チェ・ウシクは仮面のない「皮膚の自我[15]」によって壊れたことを演じた。ギウと家族の「内面と身体（表情、言葉、行動）」は映画の序盤からずっと一致していないが、壊れたことが露呈するのはドンイクとヨンギョの家から逃げ出してからだ。『ジョーカー』のアーサー・フレックの「ダンス」は、彼が自認する人間性をアピールする振る舞いだ。追われる状況でさえ、そのダンスのラインは自由で活気にあふれて見える（それに対する芸術的反応がコンテンツの2次創作につながった事例は次章参照）。

ギテク一家は「計画」のための演技・偽造・工作を行う共同体を形成し、自らの人間性を振り返る機会を排除した。そして、最終的にはシステムの崩壊に行きつく。2つの映画において、壊れた身体構造の責任に対する解釈（家族、社会および両者の関係の仕方）は異なる。

れを持っている必要がないのだ。

　体に宿った虚栄、欲望、夢や野望は、実現可能な計画を失ったまま、失敗した「計画」を抱えてでたらめな呪いをかけている。ただ半地下で縮こまって暮らすのではなく苦境から脱しようとしたギウの欲望は、不可能な目標を希望に置き換えるトリック、資本主義の巨大な呪いにかけられて恐慌状態だ。

　最終的にギウは壊れてしまう。それは言葉と思考、心と表情、実体と表現が食い違い始めたときから予期されていたことだ。総体として壊れたことは、映画の中で「笑い病」に罹ったギウによって身体化される。

　映画の最後まで嫌悪の連鎖は終わらない。事件の果てに「笑い病」に罹ったギウが壊れた感情装置の持ち主となったとき、嫌悪は不安と憂いに取って代わられる。しかし、地下室に父親が閉じ込められていると知っていながら救出を遅らせ、「待て」と自らに言い聞かせるギウがまともな生活をおくる機会を取り戻すのは不可能に思える。『パラサイト』は嫌悪を演じ、アウティングし、ミラーリングすることで、嫌悪を量産する巨大な閉鎖回路に閉じ込められた現代人を隠喩する大きな鏡の役割を担う。

　嫌悪のミラーリングの世界に出口はない。

鑑賞「以後」の内省、主体の美学的奪還のために

　ハリウッドでアカデミー賞授賞式が開催されたとき、韓国の観客はまるでオリンピック選手がメダルを獲得するのを祈るように『パラサイト』の受賞を願った。だが、受賞が決まってステージに上がり、その功労が拍手で称えられたからといって、映画の中で描かれた問題が是正されたり解決したりするわけではない。制作チーム

や演者、グローバルな観客、審査員や受賞者を含めて誰ひとりとしてこの巨大で根強い嫌悪の連鎖に立ち向かう方法を心得ていないのだ。

　映画はスクリーン内の問いかけを観客にトスする。映画と社会、監督と観客のミラーリングが始まる。社会が危険だという診断が、危険そのものが消滅することと等価であるはずがない。受賞は単に映画による問題提起に対する美的共感の形式的な表現に過ぎない。評価は治癒ではないのだ。賞讃はそのスタート地点でしかなく、断じて頂点ではあり得ない。

　嫌悪のオンパレードとなった『パラサイト』は、嫌悪する者を嫌悪する。それを理由に、映画が現実にトスした嫌悪感情は外に向かって手を伸ばし、社会を宿主として寄生して今でもフラクタル状に増殖し続けている。

　デジタルプラットフォーム上で形成された『パラサイト』関連のコンテンツの中で、「ポンテール」の別名で知られるポン・ジュノ監督が映画に「忍ばせた」ディテールを解釈してシェアし、テクストの意味を拡張する行為が活発に行われた。YouTube 上に見られる『パラサイト』をめぐるディスカッション構造は、主にテクスト分析だ。主要なキーワードはディテール、メッセージ、伏線、階級、あらすじ、解釈、ネタバレ、豆知識（Tips）などである。ネットユーザーは、監督が意図した『パラサイト』のミクロレベルの意味を詳細に読み取ったり、「計画」したものではないにせよ結果的に生まれた意味を解釈したりすることに集中する。コメントやリプライを通じて分析のリレーを延長し、賞讃や意見交換を行う。デジタルプラットフォーム上でのネットユーザーの鑑賞後の活動は、アカデミア（学術界）の知識空間から派生した「分析」という知的活動と類似性を持つ。それは緻密な解釈という名分のもと、テクスト

を現実に漏れ出ることのない完成品として封印する。観客は視覚・聴覚の感覚や感情を享受する美的主体から、分析マシーンという知的主体へと移行する（テクストに対する批評的な分析は、ミクロレベルのポイントが精査された後は一時停止している。BTSの音楽コンテンツが受け手の現在・現実とリンクしてコンテンツの無限再生産へと拡張するプロセスとは対照的だ。映像のカテゴリーは「分析」ではなく「リアクション」、「２次創作」あるいは「文化の再生産」である）。

　逆説的に、「分析する」観客の遂行能力がテクストを美的に完結したものとして成立させる文脈の条件になるという見方もできる。ならばデジタルプラットフォームを取り巻く知的な分析や公論の場は、映画が提起したポイントをミクロレベルの分析行為で縫合することで、ひょっとして問題の本質を克服あるいは緩和する道筋そのものを根本から遮断する行為の条件となるのではないか？　感情が知性に移行することで美学は啓蒙となり、世界に語りかけることを試みた映画コンテンツは単に知的遊戯の美学的オブジェに取って代わられたのではないか（映画『パラサイト』のテクスト内部から外の現実へと溢れ出た最も有力な対象あるいは素材は、韓牛がのった「チャパグリ」つまりユーモアに置き換わった消費財だった。ユーモアという意味では、アカデミー賞授賞式での監督のウィットに富んだスピーチを通訳したシャロン・チェが一躍注目されたこともそれに類する）。

　観客は、映画鑑賞以後の態度や行動によって自らの立ち位置を決定する。映画内の世界のショッキングな問題提起に共感しながらも、それを一時的な感動や知的教養の共有によって封印した瞬間、テクストは現実と分離して一種の短期的な体験、集合知に取って代わられる。映画が提起した問題は、海外で好評を得た高級消費財の教養としての装飾品へとポジションを変更し、ミクロレベルの解釈の隙間を埋める分析マシーン行為がせっせと複製されるばかりだ。[16]

K-POP を享受する人々が音楽からのメッセージを現実に取り入れ、生き方を変えて自らを顧みながら、オリジナルとリンクしたコンテンツ創作の主体として生まれ変わる情動的実践（affective acting）の遂行者（agent）に「なってゆく」経験を文化的なノウハウとして蓄積しているのであれば、K-FILM を通じてもそうした文化的実践を生み出すことが可能ではないだろうか？

　「K」の文字を取り除いても問いは有効だ。オーストラリアの歌手トーンズ・アンド・アイ（シングル発売当時 19 歳）の歌「Dance Monkey」に映画『ジョーカー』のシーンを MV のように編集して付けた動画を YouTube に公開した事例を挙げておこう。家庭や社会の抑圧と嫌悪によって感情システムが壊れたジョーカーは、階段でダンスを踊っている姿が最も自由に映る。彼の動きを背景に流れる「Dance Monkey」は、「さあ、君が踊る姿をもう一度見せて（And now I beg to see you dance just one more time）」、「私のために踊ってよ（Dance for me）」という歌詞を繰り返す。この MV は映画の核心となるシーン「ジョーカーのダンス」へのオマージュであり、またブリコラージュ（bricolage）でもある。MV は『ジョーカー』という映画のテーマ分析ではなく、美学的な鑑賞に基づいた芸術としての応答だ（その MV を登録したユーチューバーは複数いるが、筆者が最初に触れたのは「iskender nal」という ID のユーザーがアップロードしたもの）。

　その他に受け手のテクスト理解が文化的実践に繋がった事例として、文学界の『82 年生まれ、キム・ジヨン』（조남주,《82 년생 김지영》, 2016.〔チョ・ナムジュ『82 年生まれ、キム・ジヨン』斎藤真理子訳、筑摩書房、2019 年〕）が韓国やアジアに及ぼした社会的影響力が挙げられる。この作品はテクスト分析の次元を超えて、現実における論争や実践、文化の再生産（翻訳出版、映画化など）へと繋がった。

鑑賞と「その後」の批評が内省や実践に繋がるとき、観客は分析マシーンとしての知的主体から「鑑賞」によって「現実」を顧みて生み出す美学的実践の主体へと変換されるのではないだろうか（これは映画の分析に関するいわゆる「専門家」の行為の固定性とも関連し、それに対する問題提起は学問そのもののパラダイムシフトを促す媒介になり得る。大学でも、文学を教える際にテクスト「分析」が最善かつ最終的なものであるかのように扱う教育課程や研究手法の革新が必要なタイミングだ。筆者はその実践として「内省」や「デザイン」に関する連続講座を開設し、学習者の思考や話法のレベルにおいて一定の教育効果を認めた）。それに比べ、大衆音楽の受容や実践的な再生産は教育制度の領域を脱け出し、大衆の自発的・自生的な経路をたどった。そのため知的な分析の枠を超え、感性による芸術的・実践的な自律性や豊かさに繋がったのではないだろうか。分析的な批評を最上の鑑賞方法に位置づける教育制度の慣習が問題解決の責任を自ら排除し、批評の主体という名称に尊厳を付与する形で文化の主体としての立場を正当化する限界を克服するため、自発的かつ主体的な大衆文化のファンダムから文化を生活に引き寄せるクリエイティブな実践とコミュニケーション方法を見習うべきではないだろうか。

　本稿で『パラサイト』の核となる感情と言える「嫌悪」をアウティング、演技（アクティング）、ミラーリングの観点から分析しつつ、「美学的奪還」の観点から鑑賞「以後」の行動を内省することを提案し、既に大衆音楽の分野で実践されている前例と結びつけることで新たな方向性を模索したのはそのためである。

註

(1) 公式ファンクラブ「ARMY」の活動が圧倒的だが、メディアのアルゴリズムによって関連コンテンツに触れた受け手個人の活動にも意味があるため、特定の対象に限定することはしない。

⑵ これに関する最新の分析は、BTS の各種コンテンツ企画の世界観を扱う
　　YouTube「삼프로TV_ 경제의신과함께—상장을 앞둔 빅히트가 음악으로
　　창조한 또 하나의 세상, BTS 유니버스 총정리 [신과함께 #147]〔3PROTV_
　　経済の神とともに──上場を前にしたビッグヒットが音楽で創造したも
　　うひとつの世界、BTS ユニバース総整理]」（https://www.youtube.com/
　　watch?v=csFNsQzNa00）を参照（発表者：ハナ金融投資 イ・ギフン）。
　　だが、最近の BTS の音楽性はいわゆる「世界観」と関係のないパンデミッ
　　ク時代の日常生活に転向しており、ファンダムは世界観を読み解いて交流
　　する代わりに、「停止した日常」に対する癒しと回復の文脈で交流してい
　　る。
⑶ 大衆文化研究者のヘンリー・ジェンキンズ（Henry Jenkins）は、メディ
　　アを基盤としたファンダムがテクストに対する特定の受容の仕方を共有
　　し、ファンコミュニティを通じた批評・解釈の実践、制作者の意図と無関
　　係な行動主義、文章作成やビデオ制作によるテクストの再生産、新たな形
　　のコミュニティ形成など、文化の生産性を持っていると分析した（Henry
　　Jenkins, *Textual Poachers: Television Fans & Participatory Culture*, New York
　　& London: Routledge, 1992）。彼は対象に熱狂するファンを「ファナ
　　ティック（fanatics）」と命名した。この研究は 1992 年までに流通した英
　　語圏のコンテンツとファンダムを対象としている（アジアコンテンツとし
　　ては世界的な人気を得た日本のアニメーションを含むが、深く分析したア
　　ニメーションは『美女と野獣』など英語圏のものだ）。最近の韓国のアイ
　　ドルを対象としたファンダム研究において、マスメディアを媒介にファン
　　がアイドルをプロデュースする企画段階に積極的に関わり、ファンの直接
　　投票や企画によってアイドルが形成されるプロジェクトグループのファン
　　ダムを「ファンダム 3・0」と命名し、その文化的特性を分析した議論が
　　提起された。Mnet の番組「プロデュース 101」（2017）で誕生したアイ
　　ドルグループ Wanna One がそのサンプルとなった（彼らは 2018 年 12
　　月 31 日に正式に活動終了）。論者は「ファンダム 3・0」が特定の受容方
　　法、批判的な解釈、消費者行動主義、文化的生産の土台、オルタナティ
　　ブな社会共同体の性格を持つとした（신윤희〔シン・ユンヒ〕,《팬덤 3.0
　　〔ファンダム 3・0〕》, 북저널리즘, 2018.）。BTS のグローバルな人気とファ
　　ンダムの性質には、この 2 人の研究者の論では解釈できない部分がある。
　　最も大きな特徴は、BTS のいわゆる「メッセージ」に反応し、彼らの日常

に共感することで「ヒーリング」や「治癒」を告白する情緒的、心理的、霊的な次元のものがグローバルレベルで共有される点だ。BTS のファンダムが反応したテーマは劣等感、自尊心、不安、社会的自我（ペルソナ）と内的自我の葛藤、パニック障害、うつ病など現代人の病理的な徴候とリンクしているという点で、以前のファンダムに見られた文化的方向性とは異なる。最近の音楽的な進歩は、コロナによって日常が停止した状況で人生の意味や活力に対するアーティストとしての追求を含んでいる。

(4) 映画『パラサイト』は英語圏やドイツ・フランスなどでは「PARASITE」、ロシアでは「寄生虫たち」を意味する複数形の「Паразиты」と表記された。アジア圏のうち日本は「パラサイト 半地下の家族」、台湾は「寄生上流」、香港は「上流寄生族」（ポスターには「PARASITE」と「寄生虫」が併記されている）と表記された。中国では上映禁止だ。

(5) 筆者はプラットフォーム「Daum」で連載されたウェブトゥーン『捨て姫（バリ コンジュ（바리 공주）』に出てくる計 2408 のセリフを集計して統計解析し、口述の会話を文字に起こしたネットユーザーのコメントが事実上デジタル時代の批評行為をカバーしていると分析したことがある（최기숙〔チェ・ギスク〕,〈Daum 웹툰 ‘ 바리공주 ’ 를 통해 본 고전 기반 웹툰 콘텐츠의 다층적 대화 양상 : 서사 구조와 댓글 분석을 중심으로〔Daum ウェブトゥーン『捨て姫』に見る古典を元にしたウェブトゥーンコンテンツの多層的な対話様相──物語構造とコメント分析を中心に〕〉,《대중서사연구〔大衆叙事研究〕》25-3, 대중서사학회 , 2019, 3–4 章参照）。

(6) ビルボードチャート 1 位になった BTS の歌「Dynamite」の意味について BTS のメンバーは「誰もが疲れて切っているこの時期に、力になりたかった」（SUGA）、「応援や癒しになれば嬉しい」（JIN）、「ヒーリングになれば何より」（J-HOPE）とインタビューに答えた。BTS の新曲オンライン記者会見、2020 年 8 月 21 日（https://www.youtube.com/watch?v=YKdh514fKIY）。

(7) 2020 年 9 月 25 日現在、YouTube に「기생충 혐오〔寄生虫 嫌悪〕」あるいは「Parasite disgust(ing)」で検索した結果、生物学的な寄生虫への嫌悪に関するコンテンツ以外に映画『パラサイト』を嫌悪感情の切り口で本格的に扱うコンテンツは見つからなかった。

(8) 演技に関する鈴木忠志の理論はスズキ タダシ〔鈴木忠志〕지음 , 김의경 옮김 ,《스즈키 연극론〔鈴木演劇論〕》, 현대미학사 , 1993 参照。鈴木忠志

の演劇論の韓国における応用については Choe, Keysook〈The Meeting of Changgeuk and Greek Tragedy: Transcultural and Transhistorical Practice of Korean Pansori-Changgeuk and the Case of Medea〉, *Korea Journal* 56-4, Korean National Commission for UNESCO, 2016, p. 75 参照。

(9) トロニーの用語の定義とジャンルに対する理解は김호근〔キム・ホグン〕、〈렘브란트 초기 유화 트로니들〔レンブラント初期油絵のトロニーたち〕〉、《미술이론과현상〔美術理論と現象〕》21, 한국미술이론학회, 2016, 136 쪽 ; 전원경〔チョン・ウォンギョン〕,《페르메이르〔フェルメール〕》, 아르테, 2020, 181 쪽参照。

(10)「ストゥディウム」と「プンクトゥム」はどちらも写真を鑑賞する方法と受け手の情動（affection）を表現したものだ。「ストゥディウム」が写真を鑑賞する一般的・文化的な関心に基づいて作家が見せようとしたものを見る行為時間なら、「プンクトゥム」は鑑賞者を傷つけ、突き刺し、痕を残すような特定の印象や感情を喚起する行為時間の概念である。롤랑 바르트〔ロラン・バルト〕지음, 조광희・한정식 옮김,《카메라 루시다〔明るい部屋〕》, 열화당, 1998, 34–37 쪽, 105–18 쪽参照。

(11) 是枝裕和監督の『万引き家族』（2018）でも、盗みを働く血のつながりのない家族の行為が正当化される。疑似家族の間の愛情は内部に制限されることなく、外へあふれだす（そもそも血のつながりがないため、血によらないコミュニティの連帯感が家族愛の核心だ）。映画序盤、虐待されている女の子を連れてきて育て、家族になる過程が描かれる。最終的に彼らの行いが発覚して法的に処罰される。

(12)「『ヨンギョ：イズイットオーケイウィジュー？』道端に唾を吐くように突然英語を口にするヨンギョ。発音がよくない」。봉준호・한진원 각본, 김대환 윤색〔ポン・ジュノ／ハン・チンウォン脚本、キム・テファン脚色〕,《기생충 각본집〔パラサイト脚本集〕》, 플레인아카이브, 2019, 28 쪽.

(13) 데즈먼드 모리스〔デズモンド・モリス〕지음, 이한음 옮김,《포즈의 예술사〔アートにみる身ぶりとしぐさの文化史〕》, 을유문화사, 2020, 106–143 쪽参照。

(14) イ・ドンジンは、ドンイクに対してたびたび一線を超えた発言をするギテクの振る舞いを「家族に溶け込む計画が見事に成功した後」の「地位向上」で浮ついた「ロマンチックな感覚」と解釈した。이동진〔イ・ドンジン〕,《이동진이 말하는 봉준호의 세계〔イ・ドンジンが語るポン・ジュノ

の世界]》, 위즈덤하우스, 2020, 67 쪽.

⒂ 精神分析学者／心理学者のディディエ・アンジュー（Didier Anzieu）が《피부자아〔皮膚―自我〕》（권정아・안석 옮김, 인간희극, 2013）で提唱した用語を借用した。

⒃ これに関しては映画と観客の役割について思索し映画的な実践を行ったロシアの映画監督アンドレイ・タルコフスキーの発言に注目する必要がある。「人々は、謙虚になり、自らを犠牲にし、そして、最終的には社会の建設に参加するよう、他人には求めている。しかし、このプロセスのなかに、自分自身は決して参加しようとせず、世界で起こっていることにたいする個人的な責任を回避しようとしている。（中略）自分自身を冷静に見つめたり、自分の生活や自分の魂にたいする責任を引き受けようとしないし、そうすることを望まない」（안드레이 타르콥스키 지음, 라승도 옮김, 《시간의 각인》, 2021, 293-294 쪽.〔アンドレイ・タルコフスキー『映像のポエジア――刻印された時間』鴻英良訳、ちくま文芸文庫、2022 年、369 ～ 370 頁〕

参考文献

데즈먼드 모리스 지음, 이한음 옮김, 《포즈의 예술사》, 2020.〔デズモンド・モリス『アートにみる身ぶりとしぐさの文化史』伊達淳訳、三省堂、2020年〕

디디에 앙지외 지음, 권정아・안석 옮김, 《피부자아》, 인간희극, 2013.〔ディディエ・アンジュー『皮膚―自我』福田素子訳、言叢社、1993年〕

롤랑 바르트] 지음, 조광희・한정식 옮김, 《카메라 루시다》, 열화당, 1998.〔ロラン・バルト『明るい部屋〔新装版〕――写真についての覚書』花輪光訳、みすず書房、1997年〕

봉준호・한진원 각본, 김대환 윤색, 이다혜 인터뷰〔ポン・ジュノ／ハン・チンウォン脚本、キム・テファン脚色、イ・ダへインタビュー〕, 《기생충 각본집〔パラサイト脚本集〕》, 플레인아카이브, 2019.

스즈키 타다시〔鈴木忠志〕지음, 김의경 옮김, 《스즈키 연극론〔鈴木演劇論〕》, 1993.

신윤희〔シン・ユンヒ〕, 《팬덤 3.0〔ファンダム 3・0〕》, 북저널리즘, 2018.

안드레이 타르콥스키 지음, 라승도 옮김, 《시간의 각인》, 2021.〔アンドレイ・タルコフスキー『映像のポエジア――刻印された時間』鴻英良訳、ちくま

学芸文庫、2022 年〕

이동진〔イ・ドンジン〕,《이동진이 말하는 봉준호의 세계〔イ・ドンジンが語るポン・ジュノの世界〕》, 위즈덤하우스, 2020.

전원경〔チョン・ウォンギョン〕,《페르메이르〔フェルメール〕》, 아르테, 2020.

김호근〔キム・ホグン〕,〈렘브란트 초기 유화 트로니들〔レンブラント初期油絵のトロニーたち〕〉,《미술이론과현상〔美術理論と現象〕》21, 한국미술이론학회, 2016.

최기숙〔チェ・ギスク〕,〈Daum 웹툰 '바리공주'를 통해 본 고전 기반 웹툰 콘텐츠의 다층적 대화 양상 : 서사 구조와 댓글 분석을 중심으로〔Daum ウェブトゥーン『捨て姫』に見る古典を元にしたウェブトゥーンコンテンツの多層的な対話様相──物語構造とコメント分析を中心に〕〉,《대중서사연구〔大衆叙事研究〕》25-3, 대중서사학회, 2019.

Choe, Keysook〈The Meeting of Changgeuk and Greek Tragedy: Transcultural and Transhistorical Practice of Korean Pansori-Changgeuk and the Case of Medea〉, *Korea Journal* 56-4, Korean National Commission for UNESCO, 2016.

Henry Jenkins, *Textual Poachers: Television Fans & Participatory Culture*, New York & London: Routledge, 1999.

"삼프로TV_ 경제의신과함께─상장을 앞둔 빅히트가 음악으로 창조한 또 하나의 세상, BTS 유니버스 총정리 (신과함께 #147)〔3PROTV_ 経済の神とともに──上場を前にしたビッグヒットが音楽で創造したもうひとつの世界、BTS ユニバース総整理〕" (https://www.youtube.com/watch?v=csFNsQzNa00) (발표자 : 하나금융투자 이기훈〔発表者 ハナ金融投資イ・ギフン〕)

방탄소년단 신곡 온라인 기자간담회〔防弾少年団新曲オンライン記者懇談会〕, 2020 年 8 月 21 日 (https://www.youtube.com/watch?v=YKdh514fKIY).

〈PARASITE〉DVD(감독 : 봉준호〔監督 ポン・ジュノ〕), Universal Studios, 2020.

6

カン・テウン

大邸宅の下女たちと
パラサイト家族

ゲームチェンジャー

　全世界に放送された第92回アカデミー賞授賞式で、韓国の映画業界人がステージを埋めつくす光景は感動的だった。それと同時に、今まで見てきた授賞式とはあまりにも違う景色だとも思えた。最近のアカデミー賞授賞式は、受賞候補者の白人比率が高すぎることで「オスカー・ソー・ホワイト（Oscar So White）」と批判されていた。それは主に白人と黒人の間の葛藤から生まれた批判で、そうした議論から疎外されたアジア人には口を挟むこともできなかった。しかし、その空気を一気に変えるゲームチェンジャーの役割を果たしたのが『パラサイト』だった。『パラサイト』はアカデミー賞6部門の候補に挙がり、作品賞と監督賞を含む4部門で受賞するという快挙を成し遂げた。『パラサイト』がアカデミー賞に波紋を呼んだのは、人種的な対立という側面だけではなかった。字幕を嫌

うアメリカ人の風潮も一新した。英語以外の、字幕つきの外国語の映画として初めて作品賞を受賞したのがその理由だ。また、アカデミー賞のアイデンティティもやはり混沌に陥った。アカデミー賞は国際映画祭ではなく「ローカル」映画祭だった。他の国あるいは他の言語で作られた映画は国際長編映画賞（Best International Feature Film。2019年までは Best Foreign Language Film、つまり外国語映画賞だった）に分類され、別途管理されてきたためだ。『パラサイト』はそうした区分を跳び越え、国際長編映画賞と作品賞を同時受賞した。今後、アカデミー賞はその2分野を区分する必要性について頭を悩ませることになるだろう。『パラサイト』がゲームチェンジャーの役割を果たせた理由は、アカデミー賞が提示する「アメリカ映画」という基準の曖昧さによるところが大きい。アカデミー賞の候補作になるには、ロサンゼルス州で1日3回、1週間連続で上映されれば十分だ[1]。

　『パラサイト』は、アカデミー作品賞とカンヌ国際映画祭のパルムドールを同時に受賞した史上3番目の作品でもある。非英語圏に限定すると初であり、もちろんアジアでも最初の記録だ。さらに韓国映画に範囲を狭めれば、『パラサイト』が成し遂げた大部分の記録には必ず「初」が付く。アカデミー賞に着目すると、韓国映画は1963年にシン・サンオク監督の『離れの客とお母さん』が出品されたのが最初で、50年以上にわたる挑戦の勝利だと捉えることができる。カンヌ国際映画祭に関しては、『パラサイト』は「韓国映画の100年が成し遂げた快挙」と称されている。韓国最初の映画と呼ばれる『義理的仇討』が公開された1919年から100年を経て、2019年にカンヌ国際映画祭で最高賞を受賞したためだ[2]。

　『パラサイト』が賞を総なめにできた理由としては、作品自体の魅力が最も大きいだろう。その魅力は、西洋人の感じるアジア的・

韓国的という独自性と、誰もが共感できる普遍性に分けられる。本稿では後者に焦点を当てる。つまり、『パラサイト』の持つ素材の普遍性とは何かを明確にすることで、残りの部分が『パラサイト』の固有性あるいは独自性ということになるはずだ。そうしたアプローチ法をより具体的にするため、ポン・ジュノ監督の言葉に耳を傾けてみよう。

　こうしてパルムドールをいただいて、『パラサイト』という映画が関心を集めましたが、私がある日突然１人で韓国映画を作ったわけではなく、韓国映画の歴史にはキム・ギヨン監督のような方がいらっしゃいます。
　　　　　　　　──カンヌ国際映画祭パルムドール受賞記者会見より

　いつもフランス映画を観てインスピレーションを受けていました。幼少期から私に多大なインスピレーションを与えてくださったアンリ・ジョルジュ・クルーゾー監督とクロード・シャブロル監督のお二方に感謝いたします。
　　　　　　　　──カンヌ国際映画祭パルムドール受賞コメントより

　これらの発言からわかるのは、ポン・ジュノ監督は常に自身の作品を韓国映画史そして世界映画史の中に位置づけようと務めているということだ。それに反して、『パラサイト』をポン・ジュノという個人、そして韓国という枠の中に押し込めて評する論者が多い。本稿では、そうした傾向と距離を置いて『パラサイト』とそれ以前の映画の影響関係を探る。また、同時代に制作された他の映画作品と共有する特性も探してみたい。そのようにして明らかになった共通性を取り除けば、残りの部分が『パラサイト』の独創的な領域となるはずだ。

下女 (하녀) と火女 (화녀)

　2010年代にカンヌ国際映画祭のコンペティション部門に出品された韓国映画の中に、下女を扱った映画が3本もあった。2010年のイム・サンス監督『下女 (하녀)』、2016年のパク・チャヌク監督『お嬢さん』、そして2019年のポン・ジュノ監督『パラサイト』だ。イム・サンス監督の映画は1960年に作られたキム・ギヨン監督の『下女』をリメイクしたもので、パク・チャヌク監督の『お嬢さん』も日帝時代（日本統治時代）の朝鮮の大邸宅に働きに来た下女と令嬢の関係が中心となっている。それでは、『パラサイト』を下女の物語だと呼べるだろうか？　気安く答えられない理由は、半地下で暮らすギテク一家が主人公だからだ。しかし、事件が起きる大邸宅を中心として見た場合、もともとパク社長一家と「下女」であるムングァンが暮らしていた場所へギテク一家が侵入した形になる。下女の物語と『パラサイト』の関連性をもう少し深く見てみよう。

　先述のポン・ジュノ監督のインタビューで言及されているキム・ギヨン監督は1960年に『下女』を演出し、以降自身の作品を自ら2度もリメイクしている。タイトルを変えて1972年に『火女 (화녀)』、そして1982年には『火女82』を公開した。韓国映像資料院によって『下女』が2009年にデジタル復元された際、ポン・ジュノ監督はDVDの音声解説を担当した。ポン・ジュノ監督は、なかなか観ることができなかった『下女』よりも前に、VHS化されてレンタル可能だった『火女』を観たという。

　『下女』の家主は余暇の時間に工場労働者に歌を教えるピアノの先生だ。おそらく、当時はそのような教員を正社員待遇で雇っていたのだろう。その職を得てすぐ、ピアノの先生は2人の兄妹と夫人

キム・ギヨン監督の『下女』

パク・チャヌク監督の『お嬢さん』

イム・サンス監督の『下女』

を連れて主な舞台となる2階建ての洋館に引っ越す。3人目を妊娠している夫人のために、工場労働者に紹介された下女を雇い入れ2階の小部屋に住まわせる。そんなある日、ピアノの先生は下女と性的関係を持つようになり、そのせいで一家は破滅に向かう。お腹の子を亡くした下女は復讐を決意し、ピアノの先生の息子を死なせる。一家には給料の良い職場と2階建ての家しかなく、家柄が良かったり金持ちだったりするわけではない。ピアノの先生は、下女との関係が職場に知れたら解雇されるのではないかと案じて息子の死を事故死として片付ける。下女は先生の夫人の座を奪い、一家と下女の立場は逆転する。

　『下女』の主な舞台は2階建ての洋館だ。『パラサイト』の邸宅のような庭はないが、リビングに大きな窓がついており、内が丸見えの構造が似ている。『下女』には出てこないが、『火女』ではリビングで起きる家主夫妻の性行為を下女が偶然目にする。そのシーンは『パラサイト』でも繰り返される。階段が重要な役割を果たすのも共通点だ。『パラサイト』は地下へ向かう階段、『下女』は2階へ上る階段という違いがあるにせよ、階段で生死が分かれるという点では近い。何より、家事を手伝いにきた人間によってもともと暮らしていた家族の生活が破壊されるストーリーの大きな軸が共通している。家主の家が貴族のようなまったく違う身分なわけでもなく、莫大な財力を持つ家柄なわけでもないというのも似ている。

　それに比べてイム・サンス監督の『下女』は、キム・ギヨン監督の作品のリメイクであると言いつつ登場人物の基本的な性格が原作とあまりにも違う。下女として家に入るウニは自分のアパートを別に所有しており、ウニを面接して採用するチョ女史は夫人ではなく邸宅で長年働いている下女だ。彼女には検事の資格を持つ息子がいる。つまり、イム・サンス監督の映画の下女たちは、キム・ギヨ

ン監督作品の下女のようにその家から追い出されると路頭に迷うわけでもなく、『パラサイト』の一家のように家主に生計を依存しているわけでもない。また、家主の男性も『下女』のピアノ先生とは違って職を追われる心配がない。家主一家が何の仕事をしているかは出てこないが、莫大な財力に加えて下女が妊娠している事実を病院から聞き出せるほどの情報力を持っている。大邸宅に執着して居座る理由は下女どころか家主一家にすらなく、最終的にイム・サンス監督の『下女』は空回りする。

下女と家主の関係

　下女の物語は、世界の映画史の中ではありふれた素材である。『下女』における邸宅内の階段を取り巻くドラマ展開は、周知のとおり韓国映画より西洋映画でよく見られる手法だ。下女の物語にはいくつかの類型がある。下女の目を通して家主一家の醜悪な面が1つずつ明らかになったり、下女が家主の男性から性の対象にされたりする。一方で、家主の男性との結婚による下女のシンデレラストーリーも存在する。パク・チャヌク監督の『お嬢さん』は、そうした典型的な下女の物語の類型が混ぜ合わさった作品だ。日帝時代（日本統治時代）を背景とするこの映画において、大邸宅の主人は本来朝鮮人だが、日本の没落した貴族の女性と結婚して夫人の姓に改名し日本人のふりをしている。そんな家に下女として入った玉珠（オクチュ）は、日本語もハングルも読めない人物として描かれる。邸宅の地下には本でいっぱいの書斎があり、玉珠が入ろうとすると主人はシャッターを降ろして「無知の境界線」と言い放つ。彼女と家主一家の間には、日本人と朝鮮人、そして教育のレベルという障壁が存在するのだ。映画は書斎で春画や卑猥な話を愉しむスーツ姿の貴族

の集まりを描き、下女の目を通して家主一家の醜悪な一面を明らかにする形で展開する。また、少しねじれはあるにせよ下女のシンデレラストーリーもそこに加わる。

そうした面は『パラサイト』にも現れている。パク社長夫妻は、表向きは高尚に見せかけているが低俗な性的遊戯を愉しみ、高い教育水準を誇っていてもギテク一家の嘘にまったく気づかない。しかし、ポン・ジュノ監督の『パラサイト』は既存の下女の物語の類型とは異なる点が多い。まず、家主とギテクの一家の間に身分や民族といった超えられない壁が存在しない。教育レベルは家主の家のほうが高いが、現実的にはギテク一家が家主一家の教育を担当している。結局、その2つの間に線を引くのは貧富の差だ。また、『パラサイト』では家主の家の男性と被雇用者の間には一切の性的関係がなく、シンデレラ的なロマンスが花開くこともない。とはいえ、個人的な怨恨関係が裏にあるわけでもない。つまり、家主とギテク一家の間にはさしたる葛藤が生まれないのだ。それゆえ、映画の後半でギテクが突然家主の男性を刺すシーンは観客を混乱に陥れる。

家主一家に対する下女の攻撃性は、先述のコメントでポン・ジュノ監督が影響を受けたと明かしたクロード・シャブロル監督の作品に見出すことができる。クロード・シャブロルの1995年作『沈黙の女——ロウフィールド館の惨劇（La Cérémonie）』は、家主の夫人が下女候補のソフィーを面接するシーンで始まる。ソフィーは電車でフランス郊外の大住宅へ向かう。家主一家は『パラサイト』と同じく夫婦と兄妹の家族構成だ。ソフィーには文字を読めないという秘密がある。女主人に頼まれた買い物のリストを読めないソフィーを、郵便局の女性職員が助ける。その職員には、郵便物をこっそり開けるよくない趣味がある。互いに秘密を共有することで2人は接近し、大邸宅の2階にあるソフィーの部屋に隠れて一緒に過ごす。

ソフィーが文字を読めないことが
主人の娘に知れると、ソフィーは
未婚の娘が妊娠している事実を家
族にばらすと言って脅す。脅迫は
通じず、そのせいでソフィーは邸
宅から追い出される。ソフィーと
郵便局の女性職員は夜中にこっそ
り邸宅へ戻り、TVでオペラを観
ている一家全員を猟銃で射殺して
しまう。『沈黙の女』でソフィー
と家主の男性の間には性的関係が
一切ない。そして銃を乱射するほ
どの憎悪関係も出てこない。にも

クロード・シャブロル監督の『沈黙の女
　　　　──ロウフィールド館の惨劇』

かかわらず自分を解雇したというだけの理由で家主一家を惨殺する
『沈黙の女』の突発的な行為は、体から漂う匂いを指摘するパク社
長のひと言が原因で刃物を振るうギテクを連想させる。『パラサイ
ト』にしても、ギテクが刃傷沙汰を起こすほどまで家主一家を憎悪
する理由はない。『沈黙の女』で郵便局の女性職員が下女のソフィー
を助け、一家惨殺に加担する設定も、突発的なのは同様である。こ
れは、２人の下女が家主一家を惨殺した実際の事件をもとに書か
れたジャン・ジュネの戯曲『女中たち（Les Bonnes）』の影響だ。ポ
ン・ジュノ監督もやはり『女中たち』を参考にしたと述べている。[3]

　『パラサイト』には下女が２人出てくる。ギテクの妻チュンスク
と、ギテク一家が偽装して邸宅へ入り込む前に下女としてそこにい
たムングァンである。ムングァンと家主一家の間にも、やはりこれ
といった葛藤は存在しない。ただ、家主も知らない地下室にムン
グァンが夫を隠しているという秘密が、映画の雰囲気をおぞましい

ものに一変させる。下女が家主に隠れて男性を邸宅にかくまう話は、どこに見つけることができるだろうか？

隠れて暮らす男性

　韓国でも配給されたセバスチャン・コルデロ監督の 2009 年作『激情（Rabia）』に目を向けてみよう。スペインで下女として働くコロンビア人のロサは、建設現場で働く労働者ホセと恋に落ちる。メキシコ出身のホセはスペインに不法滞在していることを理由に職場で無視され、体を動かす隙間もないほど狭い 6 人部屋でまさにこの上なく粗末な暮らしをしている。そんなホセのむさ苦しい住居とロサの働く華やかな大邸宅が編集によって繋げられ、コントラストが生まれる。これは、『パラサイト』のギテク一家の半地下とパク社長一家の大邸宅の比較とも類似している。主人の老夫婦がイギリスで暮らす娘を訪ねるため数日間家を空けると、ロサとホセは大住宅で 2 人きりの時間を過ごす。しかし、翌日帰る予定だった主人の老夫婦が娘の夫と揉め事を起こして突然戻ってくる。ロサとホセがあたふたと家を片付ける間、大邸宅の玄関で老夫婦がインターホンを鳴らし続ける。そのインターホンの音と主人が突然帰ってくることで映画の雰囲気が変わるところも、やはり『パラサイト』と酷似している。

　ホセは、金を稼ぎに異国に来たなら必死に働けと急き立てる現場監督を建物の下敷きにして殺してしまう。逃げ場所を探すホセは大邸宅の 3 階の屋根裏部屋が空いているのを思い出し、ロサに知らせず隠れて暮らす。これは、パク社長を刺して家族に知らせず地下室に入って生活する『パラサイト』のギテクを思い出させる。そして、真夜中にこっそり出てきて冷蔵庫から食べ物を盗み食いする

シーンもやはり『激情』と『パラサイト』の共通点だ。ホセが夜に行動する物音を聞いて屋根裏のネズミが増えたと錯覚した主人は、駆除業者を呼ぶ。業者の職員たちは窓やドアをすべて閉じて消毒剤を撒く。『パラサイト』にも消毒剤を撒くシーンがあり、家族全員が咳をする。『パラサイト』の消毒シーンは単発的なエピソードに過ぎないが、『激情』では映画のクライマックスの引き金となる役割をする。家から出られずに密閉

セバスチャン・コルデロ監督の『激情（Rabia）』

空間で毒性のある消毒剤を長時間吸引したホセは、致命傷を負ってしまう。

　以上のように、『パラサイト』の根幹をなす物語の型を映画史の中に見出してみた。では、『パラサイト』特有の要素はどこに求めるべきか？　それは先述のとおり、下女の物語にギテク一家の物語が混ざっているという点だ。ギテク一家に限定した場合、『パラサイト』はケイパー・フィルム（caper film）のプロットに沿っている。ケイパー・フィルムとは、金庫破りなど特定の目標に必要な能力を持つメンバーが1人2人と集まって犯罪を成功させる映画のことだ。ケイパー・フィルムの醍醐味は、さまざまな人間がある1つの目標のもとに集い、各自の長所を発揮するところにある。『パラサイト』の前半部分は、ケイパー・フィルムのプロットどおりだ。犯罪全体の設計者の役割を担う息子の指揮に従い、ギテク一家は1人ずつ能力者へと変身してゆく。大学に行けない息子は大学生の友

人に引けを取らない実力を持つ家庭教師に生まれ変わり、美術教育を受けたことのない娘も以前の教師よりも優れた実力で息子を教える。父もやはり前任者よりもスムーズな運転技術を見せ、母は美味しい料理で家主一家を満足させる。そんな実力者たちがなぜ誰も就職できなかったのかと疑問に思えるほど、ギテク一家は任された仕事を完璧にこなす。一家に対するその疑問をもう少し拡張すると、ギテク一味が家族であるという事実にしても、彼らが互いに密接な関係であることを電話番号ひとつで突き止めるのは最近の世の中ならそう難しくない。パク社長がグローバル IT 企業の代表でありながらそれを調べようとしないのは、観客としては納得しがたい設定である。ギテクの息子は、大学の在学証明書を偽造する前にネット上から自分たちが家族だとわかる証拠を消すべきだった。

　ケイパー・フィルムのプロットどおり自分の長所を発揮して、ギテク一家は大邸宅への侵入に成功する。ギテク一家の目標は何だろう？　1 人や 2 人ではなく家族全員がその邸宅に入らなければならない理由は何だったのか？　しかし、彼らには生計のため以外に大した目標が見当たらない。実際、生計を立てるためだけなら発覚の危険を顧みずに家族全員がその家に侵入する必要はなかった。

　「全員就職」によってケイパー・フィルムのエンジンが切れる映画の後半に登場するのが、もともと下女として働いていたムングァンと地下に隠れて暮らす夫だ。2 人の登場以降、映画は下女の物語へと素早く移行する。しかし、ムングァン一家の登場によってメッセージはどうしてもぼやけてしまう。ギテク一家とムングァン一家の間は貧富の差という線で区切ることができず、両者を分ける基準が曖昧だからだ。したがって、映画は 3 家族間の「競争」へ向かう。既存の下女の物語が下女個人と家主一家の対立構造だったとすれば、『パラサイト』の特徴はもとの下女の一家、新しい下女の一

家、そして家主一家という家族単位の物語に変質している。下女が1人で大邸宅に入り、自分が育った環境とまったく違う世界を体験する形式の物語が、『パラサイト』の場合は団体間の競争という構造に変形しているのだ。

家族の観点から見たアジア

　下女の物語で描かれるのは、他人の家族の中で暮らさざるを得ない孤独な下女が大半だ。しかし、『パラサイト』の被雇用者一家は孤独ではない。ギテク一家はもちろん、もともと下女だったムンガンも1人ではなく家族がいたことが明らかになる。3家族の行動原理は、家族の破壊ではなく維持である。個人と家族の観点から、『パラサイト』と同時代に作られたスペイン映画『その住民たちは（Hogar）』（2020）を比較対象に挙げてみたい。景気のいい広告会社の職を失った主人公は、住んでいた邸宅を維持できなくなって売ってしまう。ある日、売った家にこっそり入った主人公はそこに越してきた一家に興味を持つ。彼はその一家に接近して夫婦を仲たがいさせ、夫を追い出して自分がその座につく。そうやって彼は自分の邸宅へ戻ることができた。元の妻と娘とは別れてである。『その住民たちは』の基本設定は貧富の差と失業、他人の家に潜り込んで暮らす男など、『パラサイト』と比較される点が多い。しかし、「個人対家族」の二項対立で見た場合、主人公を動かす行動原理は2作品でまったく違うことがわかる。『その住民たちは（韓国語タイトルは『나의 집으로〔わが家へ〕』）』の主人公は、「自分たちの家」ではなく「自分の家」へ戻るために元の家族を捨て、新しい家族を選ぶのだ。

　アジア人は「家族主義的」だとする西洋の認識は、多くの映画

に見られる。2018年の映画『クレイジー・リッチ！（Crazy Rich Asians）』は出演者が全員アジア人の映画で、全米興行1位を記録して話題を呼んだ。これは2010年代に公開されたコメディ映画全体の中でも最高記録だ。『パラサイト』がアメリカで興行的に成功した背景には、すぐ前年の『クレイジー・リッチ！』の例、つまりアジア人しか登場しない映画でも成功できるという点も作用していた。ある程度ではなく「クレイジー」なほど「リッチ」なアジア人を扱ったこの映画は、基本的にはシンデレラストーリーを踏襲している。しかし、女性の教育水準が男性よりも高いところにそれまでの映画との違いが窺える。通常のシンデレラストーリーでは、財産はもちろん身分や教育水準においても女性が男性に劣る形で描かれるのに反して、『クレイジー・リッチ！』の女性主人公はニューヨーク大学で経済学を教える教授だ。そうした点は『パラサイト』ともリンクする。一般的な下女の物語において下女はシンデレラのようにさまざまな面で差がつけられているが、『パラサイト』ではギテクの息子と娘が主人の家の姉弟を教える役割だ。さらに、地下室に隠れて暮らすムングァンの夫は法律の勉強をしている。同様に、『クレイジー・リッチ！』のシンデレラが乗り越えなければならない壁は教育水準ではない。身分や財産規模もさして問題にはならない。彼女が克服しなければならないのは、他でもない個人と家族に対する没入度である。

『クレイジー・リッチ』の男性主人公の家柄は、シンガポールを活動の拠点とする大富豪だ。彼らも女性主人公の家も中国系だが、男性の母はアメリカで生まれ育った女性主人公が考え方も「アメリカ人」だという理由で結婚に反対する。「アメリカ人」は家庭の幸せと個人の幸せが別物だと考えているというのだ。アジアの人たちは家族主義的だという認識が反映された葛藤である。『パラサイト』

で個人が前に出ない「家族対家族」の競争として作られた物語の形式は、西洋人にとってアジア的な特性に映ったはずだ。

『クレイジー・リッチ！』

　『パラサイト』がカンヌ国際映画祭でパルムドールを受賞した前年にも、アジア映画が同じ賞を受賞した。日本の是枝裕和監督の『万引き家族』である。この映画もやはり家族を中心にした作品で、カンヌ国際映画祭はアジアの家族の物語に２年連続で大賞を与えたことになる。『万引き家族』と『パラサイト』は、詐欺や窃盗といった犯罪行為によって「家族」の絆が形成される点で共通している。

　是枝裕和監督は、『万引き家族』以前にもカンヌ国際映画祭で家族の物語で審査委員賞を受賞したことがある。2013 年の作品『そして父になる』がそれで、この映画では産婦人科の看護師の予期せぬ行動によって赤ん坊が入れ替わる。子供が小学校に入学する頃にその事実を知った夫婦は、実の息子が暮らす家を訪ねることにする。ここでは「生みの親か育ての親か」の伝統的な葛藤の構造とともに、片方は裕福でもう片方は貧しい家庭という貧富の差が提示される。さらに、裕福な家は厳格で人情味がないが貧しい家は自由で人情味にあふれているという、典型的な対立構造が加わる。実際、この映画はフランスのヒット作『人生は長く静かな河（La Vie est un long fleuve tranquille)』（1998）をそのまま日本に持ってきたような作品だ。このフランス映画では息子と娘の入れ替わりがコミカル

"A PIERCING, TENDER POEM ABOUT
THE BITTERSWEET EBB AND FLOW
OF PATERNAL LOVE" ★★★★★

★★★★★ ★★★★★

LIKE **FATHER**,
LIKE **SON**

THE NEW FILM BY HIROKAZU KORE-EDA

AT WHAT POINT DOES A FATHER TRULY BECOME A FATHER

是枝裕和監督の『そして父になる』

に描かれる反面、『そして父になる』では息子と息子の入れ替わりが悲壮な雰囲気で描かれる点が異なるだけである。『人生は長く静かな河』はフランスで興行的に大成功をおさめたが、カンヌ国際映画祭では賞を1つも受賞できなかった。

カンヌ国際映画祭はアジアの家族の物語を好み、それがアジアの特性を表すと見なしているようだ。しかし、是枝裕和の言う「家族」は単なる家族ではない。彼は『そして父になる』を通じて、血のつながりのない疑似家族のほうがむしろ家族らしいこともあるというメッセージを伝えた。そうしたメッセージは『万引き家族』でも有効だ。『万引き家族』の構成員は序盤で家族として登場するが、話が進むにしたがって血のつながりがまったくない他人であることが明らかになる。その上、互いに騙し合っていることも露呈する。しかし、そうした事実を乗り越えた彼らがより濃い「家族愛」を感じるところで映画はクライマックスを迎える。『パラサイト』は家族が家族でないふりをする映画だが、『万引き家族』は家族のふりをしているが家族ではない人たちを描いている。そうした違いがあるものの、どちらの作品もアジアは家族主義的だという西洋の認識に包摂されたのである。

『パラサイト』の意義

本稿では、韓国映画史だけでなくアジア、そして世界の映画史を

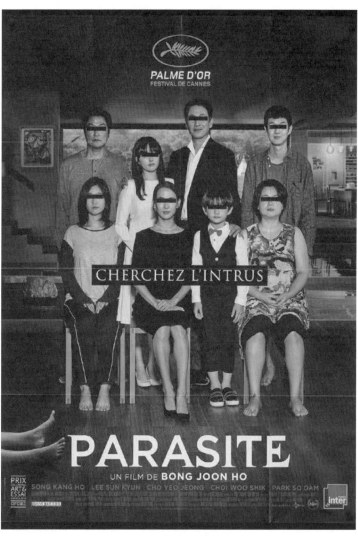

『パラサイト』

変えた『パラサイト』の意義を、映画史の巨大な流れの中に位置づけて検討してみた。『パラサイト』は下女の物語の形式にケイパー・フィルムを混ぜ、貧富の差の深刻化という社会問題を溶け込ませて、全世界の人々の共感を得ることができた。そして、下女の物語が持つ「個人対家族」の対立構造を家族間の競争の物語に変え、アジアの家族の物語に対する西洋の認識を再発見する機会を与えたことも確認できた。

註

⑴ https://www.oscars.org/news/awards-rules-and-campaign-regulations-approved-93rd-oscarsr.

⑵ 정지욱〔チョン・ジウク〕,〈한국영화제작 100년의 훈장을 받은 영화 '기생충'〔韓国映画製作100年の勲章を受けた映画『パラサイト』〕〉, 한국미디어문화학회〔韓国メディア文化学会〕,《'천만 영화를 해부하다' 평론 시리즈 5 기생충〔「ミリオンヒット映画解剖」評論シリーズ5 パラサイト〕》, 연극과 인간, 2020, 14–16쪽.

⑶ https://www.chosun.com/site/data/html_dir/2020/03/28/2020032800509.html.

7

キム・ヒョンミ

映画『パラサイト』の女性はいかにして「線」を越えるか

——階級主義の不安とジェンダー

はじめに

　とある上流階級の10歳になる息子の誕生パーティーで、4名が殺害される。豊かさ、洗練、ケア、そして安全を保障する美しい高級住宅は、突如として廃墟と化す。その家は、殺人の歴史を知らない上層部のドイツ人一家がくつろぐ家となる。廃家は、世界中を移動する上層部の外国人の居住によって物理的に復旧される。だが、破局へとなだれ込む社会的な心理の状態をどうやって収拾し回復することができるか、という問題は観客に委ねられたままだ。

　破局に自ら加担したギテクは、その家の地下世界へと身を隠し、自分よりさらに下の落伍者と見なしていたグンセと同じような生活をすることになる。いつかその家を買って父を助け出すという、ギテクの息子ギウによる約束で映画は終わる。ポン・ジュノ監督本人も、父から息子へと受け継がれる家父長的な救済ストーリーがいか

に無謀で空しいものかはわかっている。彼のインタビューを見てみよう。

家を買うとか、階段を上ってくるだけでいいとか。そんな言葉を本当父親にかけてやりたかったでしょうね。それで、実際に計算してみたんですよ。ギウが稼げそうな平均的な給料で計算したら、その家を買うにはおよそ547年かかるんです。計算すること自体が残酷ですよ。[1]

貧困青年ギウの大幅な地位の向上はどう見ても不可能であり、蓋然性も低い。監督も観客もギウの宣言が荒唐無稽で現実的ではないとわかっているが、映画は父から息子へ受け継がれる家父長的な連続性の表現で未来を描く。結局この映画は、大部分の評論家が主張するように「深刻な両極化と不平等な階級構造によって量産された社会的矛盾」を描いたものとして評価される。[2]『パラサイト』は深刻な貧困と極大化した富を対比しつつ、そのどちらにも属していないことで安心できる潜在的な、あるいは実在の中産階級から広く熱狂を集めた。海外の観客もまた、家という密閉空間で起きる「韓国式」の階級闘争の美学と暴力、そしてユーモアの高密度な再現に賛辞を送った。

『パラサイト』において、「階級」はどのように表現されるのか。そこでは、いわゆる扶養者に設定された男性の経済的地位がそのまま家族の階級になることが前提だ。そのため、男性の登場人物同士の葛藤や闘争はそのまま階級闘争と同一視されることになる。同様に、男性同士の共感や連帯、親和性はやがて葛藤の解消や地位の克服といった形で単純化される。『パラサイト』のストーリー展開を先導する女性はヨンギョを除く全員が賃金労働者だが、その誰もが父親や夫の階級に属する2次的な存在と見なされている。本稿では、女性の登場人物のステータスがジェンダーと交差しており、そ

のため女性の経験は階級の観点からのみ訴求されるものではないという点に注目する。『パラサイト』に関する評論は、数例（손희정〔ソン・ヒジョン〕2019; 황진미〔ファン・ジンミ〕2019; 이경희〔イ・キョンヒ〕2020）を除いて大多数がジェンダーと階級の力学、および相互の影響力を十分に考慮していないか、あるいは解釈できていない。ポン・ジュノの映画において、ジェンダーは常に重要である。『パラサイト』も以前の作品と同じように、あまり有能ではなく素直でもない男性性をさらけ出し、問題を解決して状況を前に進める女性を可視化する。しかし、ポン・ジュノ映画の女性はストーリー展開のために殺害されたり被害者になったりすることが多く、過剰に感情的な人物あるいは策略家として描かれがちだ。そうしたジェンダーの再現は、ポン・ジュノ映画や主流の評論がいまだに男性の主人公に依存する慣習に縛られていることを示している。

　本稿は、『パラサイト』を読み解くために「ジェンダー」の力を借りる。『パラサイト』を階級の観点で見ることには異義はない。この映画が階級の両極化とヒエラルキーにおける男性性の序列の問題を扱っているのは自明である。だが、男性中心の階級のみを強調すると階級とジェンダーのダイナミックな交差性を読み取るのが難しくなる。女性の役割や遂行能力に注目すべきなのは、女性の存在がときに3家族の階級差を跳び越え、その格差を埋めたり逆により強化したりする役割を持つからだ。女性もまた階級を構成し、その地位を遂行し、上昇願望を積極的に表現する存在である。『パラサイト』は、私的空間で結ばれる雇用主と雇用人の関係が公的な領域の労使関係とは異なる偶然性や隙、感情、セクシュアリティ、ヒエラルキー構築の戦略に晒されていることを示している。したがって、階級のカテゴリーが女性性や男性性といったジェンダーと結合すれば、階級主義の表現のあり方も変わってくる。

『パラサイト』は、現代社会の階級主義がいかに他の人間に対する不平等な「待遇」を自然なものとし、それが越えられない「身分」の差のような本質的なものであるかのように思わせるかをよく表している。一方、線など存在しないと信じたり線を攪乱したりする『パラサイト』のギテク・グンセ・ギウは、抑圧された男性性によって常に抵抗や転覆を起こせる存在だ。そして、表立ってヒエラルキーには逆らわないものの、上流階級の雇用主と雇用人の間の「線を横断する女性」が存在する。『パラサイト』では階級主義が「一線を越えてはならない」と象徴的に表現されるが、その線は攪乱され続けて崩壊し、強化されることで実質的には効果を発揮できないことを示す。本稿では、『パラサイト』に登場する階級主義をジェンダーと交差させることで、階級格差の強化と階級横断の可能性を分析する。

　本稿は、『パラサイト』で再現される階級とジェンダーの序列を分析することで、上流階級の雇用主と貧困層の雇用人の間に存在する「線」が男性主義的な支配階級のイデオロギーであることを強調する。両者間には道徳や趣向の面において想像され強要されるほどの異質性は存在せず、「越えられない線」は十分な説得力を持ち得ない。上流階級が独占してきた余裕や純粋さ、卓越性、美学的感性もやはり階級主義的な支配イデオロギーの産物であり、その文化的優越性は数多の家事労働者の労働力と消費主義によって獲得された結果に過ぎず、本質的な優越性ではない。結局、道徳や倫理、趣向、感覚の面における両者間の「誇張された」差とそれに対する強要は、どうしても被支配層の復讐と暴力を呼び起こすことになる。その復讐と暴力はギテクとグンセに代表される２つの貧困階級の男性間にも発生し、最終的にギテクの20代の「娘」は暴力の手頃な犠牲者となる。

投機化された資本主義とヒエラルキー型の男性性

　男性の登場人物を見てみよう。『パラサイト』に登場する３タイプの夫は、圧縮された経済発展を経た韓国の資本主義のさまざまなタームに対応している。IT 企業を経営するパク社長は金融やサービス、情報技術などに基づくニュー・キャピタリズムのトップランナーだ。彼がどうやって上流階級になったかはわからないが、単純に遺産や相続に依存しているわけではないだろう。競争率の高いIT 分野で成功したのは、ある程度の能力とそれ相応の学習資本や社会資本があったことを暗示している。彼は典型的なヘテロ核家族の家長であり、意思決定権を持つ立場としての権威を表象する。雇用した人間との格差や境界線を積極的に作り出す既得権者の男性であるパク社長は、新自由主義によって量産されたヘゲモニックな男性性を代表し、その言葉・感覚・行動は社会的な同意を獲得する。

　その反面、グンセとギテクはフランチャイズの台湾カステラ店の事業に手を出して失敗する。彼らは、巨額の投資が必要で市場の景気変化に左右されやすい「時の」商売に投資して全財産を失ったのだ。「大当たりの神話」を信じて事業に身を投じ、「破産した社長」となったギテクとグンセは、投機化された資本主義の変化の過程にうまく適応できなかったか、あるいは淘汰されるほかない旧時代の産物だった。２人はなけなしの金を集めるか借金を背負うかして危険な投資に手を出し、全財産と家を棒に振った零細自営業者だった。既に労働市場から退く年齢で流行と運を信じて小売業に飛び込んだギテクとグンセが事業で成功する確率は、そもそもきわめて低かった。カステラブームのマーケティング戦略に騙され、供給が需要を上回れば必然的に失敗する単純な市場原理を度外視したため

だ。彼らは投資収益率、合理性、予測性といった最も簡単な経済原則さえ理解できないまま勇み足で事業に身を投じ、瞬く間に貧困層へと転落した。投機化された資本主義が蔓延する社会において階級の「墜落」はよくあることで、誰にでも起こり得る。

ギテク一家の未来が暗鬱なのは、かつて中産階級に属していた家族構成員の「計画的な生涯戦略」がもはや実現不可能だからだ。ギテク一家は、部屋の最上部に便器が置かれた半地下の家でピザの箱を組み立てる都会の貧民となる。酷く落ちぶれて危機に直面したにもかかわらず、大した対処能力もなしに相変わらず一緒に暮らしている。そのことから、かなり長い期間にわたって中産階級だったであろうことがわかる。貧困状態が長かったとしたら、それぞれ自分の生存のために一家離散していた確率が高い。彼らが離ればなれになって各々の道を進むことをせずに集まっている理由は、今でも中産階級の核家族主義の「為せば成る」あるいは「チャンスはまた来る」の価値を信じているからだ。昔から貧困に喘いでいたなら、夫婦は夫婦、子は子でそれぞれ家を離れ、分散して各自の生計を解決する別居家族になっていたはずだ。ギテクは、経済的に落ちぶれても家父長の地位は維持される男性性を表現している。

ギテクとグンセはどちらもかつては社長と呼ばれ、中産階級の端くれだった存在だ。しかし、2人の転落は人生のすべてを変えてしまった。ギテクはまだ中産階級だった頃に習得した運転や対話の技術、礼節を発揮して運転手として就職できたが、グンセの場合は経済的な転落が社会における孤立と精神の崩壊につながり、男性性も人格も喪失してしまう。銀行からの借り入れと私募債を頼りに事業に身を投じたが、破産後にそれを返済できずに地下の世界に身を隠したのだろう。扶養者としての能力を失うどころか、赤ん坊のように妻に寄生する存在となってしまった。彼が発信するモールス信号

に応答する者はいないが、今でも自分が生きていることを表現している。男性や夫としての自責の念、罪悪感、申し訳なさ、あるいは虚勢の感情さえ抱けないほどに「動物化」している。地下の世界の闇と湿っぽさ、そしてグンセの幼児じみた狂気の状態は、彼がいつ死ぬか消えるかしてもおかしくないホモ・サケル[3]のような存在であることを示している。

　ギテクとグンセは、成り上がるチャンスを逃し、あるいは剥奪されて退行した男性性を持つ人物だ。2人は今や、妻や子供たち家族の好意や稼いできた金、戦略や計画に依存して生きていくしかない。ギテクは、息子のギウが「計画を立てられる存在」であることに驚いて満足そうにする。しかし、ギウもまた労働市場で不利な立場に置かれた貧困青年だ。彼は両親の資源を利用して事業を起こすこともできず、学力や資格によって条件の良い職業に就くのも難しいプレカリアートである。ギウが映画の最後で「この家を買う」と言うとき、観客は彼が投機的な資本主義社会で「一発当てる」こともあるかもしれないと考える。

　技術、革新、接続性を称揚するIT資本主義のリーダーであるパク社長は、年齢、階級、地位、名声、魅力などあらゆる面で他の男性を圧倒するヘゲモニックな男性性を代表する。反面、ギテクとグンセ、ギウはパク社長と競合できない従属的な男性性を象徴する。ギテクは下人として、グンセは家の地下に寄生する存在としてしか関係を結ぶことができない。

　『パラサイト』は、韓国の現代社会で競合しているさまざまな男性性を配置し、それぞれの間の「差異」が階級のヒエラルキーとして本質化されていることを示す。パク社長は、「線」を越えるなという言葉でギテクを含む雇用人と自分を分離する。それは明らかに過去の身分制の言葉であり、現代の民主主義社会においては容認で

きない、あるいは納得しがたい権力の表現である。そのため、パク社長は報復と殺人という強い抵抗に見舞われるのだ。

パク社長の「線引き」と身分制の到来

　自分が所有する家で私生活を保障されて暮らすのは、中産階級のヘテロ家族の夢である。しかし、上層部に上がるにしたがって見知らぬ人たちに自分の空間を開放することになる。彼らの日常は、多くの人間の労働に依存しなければ維持できないからだ。上流階級は敵対的な私有財産制度を擁護し、自らの経済的特権を拡張して保護しようとする。高まったステータスを確かめ、平穏な日常を維持するために個人的に雇用した現代版の「下人」を従える。都市社会学者のサスキア・サッセンが指摘したように、地球規模の所得不平等の拡大は私的領域で雇用され運転や留守番、子供の世話と料理の提供、掃除などに従事する数多くの下人階級（servant class）を作り出した。(4) 上流階級の一家族の再生産のために、多くの人たちが自分の家を離れて他人の家で働く。そんな家事労働者は、従来の主流経済学や国家総生産にも含まれない形の「私的に雇用された労働者」として、安い給料と劣悪な労働条件のもとで仕事をする。家という私的領域における雇用関係は、労働権や契約の存在しない身分制の形をとる場合が多い。彼らを下人階級と名付けるのは、まるで封建制度か植民地時代のように同等な市民と見なされていないからである。

　社会的な両極化が深刻化し、公的領域の働き口がなくなるにつれ、より多くの人たちが下人のような扱いを受ける仕事へと追いやられる。下人になるということは、いわゆる雇用主や主人（master）との関係において埋められない文明的格差が存在することを意味する。雇用主の生活の質と富の誇示は彼ら「下人階級」に依存して成

り立っているが、雇用主はあらゆる敵が「外部」から来ると強く信じているため「家の中の労働者」を警戒し嫌悪する。いわば、「主人」は「下人」が越えてはならない「線」を引き、彼らの習慣や身体反応が伝染することから自分や家族を守らなければならないのだ。下人階級は雇用主の気まぐれな決定によって容易に解雇されるため、媚びへつらう感情労働に熟達する必要がある。単純な雇用主ではなく、「リスペクト」する存在であることを宣言し続けなければならない。

　『パラサイト』は、現代版下人階級の男性たちと主人であるパク社長の階級主義間の緊張をよく表している。男性間における階級の境界は「線」で表現される。パク社長は運転手のギテクに「線を越えるな」と警告する。典型的な男性の連帯は、兄弟愛と家父長間の同盟によって構築されてきた。だが、階級は男性の連帯を超越する。『パラサイト』で、ギテクは「家長2人の同盟論」を持ち出してパク社長と感情の連帯を成立させようとした。イ・ドンジンが指摘するように、「家庭の家長や会社のトップ、あるいは孤独な男性と毎朝通勤するのは、一種の同行ではないか。そんな思いで仕事をしてきました」と表現されるギテクの言葉は、それでも両者が水平な関係の同行者となることは可能なはずだという幻想を表している。しかし、パク社長は「線を越えるな」と言って地位を固める。ギテクはパク社長に雇用された「下人」に過ぎず、両者間に家長の名で結び付く共通の感覚は存在しないという宣言である。

　だが、「家庭内の下人」もまた機会構造や戦略を見抜いて実践するもう1つの行為の主体だ。彼らも、越えてはならない線がいかに人為的で差別的な境界であるかよくわかっている。ギテクは下人に過ぎず人物として成熟していないと考えるパク社長の線引きは、ギテクの知識や意見、忠告によってたびたび失敗する。パク社長は、

ギテクが線を越えないまでも踏み続けていると感じる。線を越えようとするギテクと、運転やサービス、家族行事において多種多様な能力を発揮するギテクの間で戸惑う。しかし、そんな足手まといになる感情よりもはっきりしているのが「匂い」である。それは2人を分離するための確実な証拠だ。たとえギテクの労働に依存していても、パク社長は匂いによって両者間の格差を正当化する。相手との間の越えられない境界線を強調したい感情が強ければ強いほど、ギテクの匂いが鼻につくのだ。彼が鼻を塞ぐ行為は、ギテクやグンセと同じ空間で一緒に過ごすのが我慢ならないことを伝えている。他者に対する侮蔑を露骨に表現した行為だが、それは匂いという本能的な反応の結果に過ぎず、意図的な差別ではないと強調することで階級主義を本能に置き換えるのだ。ギテクには男性、家長、そして運転手としてパク社長との親密な連帯を成し遂げた確信があったが、時間が経つにつれて侮辱を感じるようになる。相手は即刻解雇というカードを持つ存在であり、働き口を維持しなければならないギテクはぺこぺこする以外にこれといった戦略がないと悟る。パク社長は、他人に媚びへつらって生活する存在は「社会に何の貢献もできず本質的に救いようがない」と考えている。したがって、彼らは身分の上でも社会的観点からも劣等な存在である。ギテクを含む「家の中の労働者」は、自分の家にいる最も馴染みのない、雇用しなければゴミに転落する存在だと思っている。

　下人や奴隷がいなくなったと信じる21世紀ソウルの上流階級家庭では、前近代的な主従関係が繰り返される。下人のような待遇を受けるギテク一家は、そんな自分たちのポジションを内在化するか、それに抗いながらパク社長一家と関係を結ぶ。しかし、パク社長も彼らが決して封建制時代の従順な下人と同じように考えて行動し、ものを言うわけではないとわかっている。パク社長の線を越え

るなという警告は、実際にはその格差が存在しないことを知っている恐れや懸念が反映されたものだ。ここで、ポストコロニアリズムの理論家ホミ・K・バーバがイギリス白人の入植者とインドの有色人種の植民地的従属主体との間における緊張を描写した「擬態（mimicry）」の概念を思い出してみよう。擬態は「ほとんど同一だが完全には同一ではない差異の主体としての、矯正ずみで認識可能な他者に対する欲望」と表現される。イギリスの入植者が啓蒙、改善、矯正しようとした「血と肌の色においてインド人だが、趣味、意見、道徳、及び知性においてはイギリス人であるような人々」が量産される。植民地の統治体系が徹底的に区分可能だと信じたイギリス人とインド人の格差は本質ではない。イギリスの文明化政策や英語の普及によって、インド人はイギリス人と同等あるいはより優れた存在となった。イギリスの入植者は、インド人の卓越性を脅威として受け止めた。彼らを「黒い猿（black ape）」と嘲弄し、その知性や道徳は単なる見よう見まねの結果だと蔑む。線引きは権力者の幻想である。不敬で威嚇的な他者によって境界は常に崩れ、線は消える。肌の色、国籍、富、性別、地域、宗教、学閥によって絶えず区画されヒエラルキー化される線引きは、実際にはあらゆる人間が普遍的な価値の追求と欲望を持った存在であることを逆説的に示す。歴史とは、奴隷、下人、労働者、有色人種、移民、女性の持続的な闘争を通じて、誰もが平等な存在であることを確かめる過程だ。しかし、支配階層は分離や隔離によって優越感の証を築き上げる。時空間の分離、匂いや外見によるヒエラルキー化、精神や道徳という名の優越主義などは、あらゆる人の平等な社会参加を妨害し、社会を疲労感や絶望、憤りが蔓延した状況に追いやる。

　パク社長もやはり特定の、ときに鼻につく匂いを漂わせる存在になり得る。香水、オーデコロン、衛生用の殺菌消毒剤などが体に染

みついたパク社長の匂いも、誰かにとっては不快感を与えるかもしれない。しかし、この映画ではパク社長も特定の匂いを漂わせる存在だという点が隠蔽されている。彼の匂いの鑑別方法は、自分は他者を侮辱してもよいという信念や自信として表現される。だが、それは車という密閉空間でパク社長とギテクを区分するものであり、ギテクの他の家族の侵入を防ぐほどの鋭敏な感覚ではない。彼が不在の間に、既にギテクの家族は家に無事入り込んでいる。パク社長の嗅覚は臨時の作為的なものであり、不完全だ。そうした区別の防護膜があっても、パク社長の夫人や娘は匂いを発する存在に多くを依存し、感情を通わせ、性的に親密な関係にある。パク社長は他の人間に対する排除を正当化し、家の中の労働者を「下人」にすべく匂いによる差別を正当化する。興味深いのは、パク社長の息子ダソンが来るべき両面的な男性性を見せる人物として再現されている点だ。彼は今後、韓国の帝国化した階級主義を表象する存在になるかもしれず、あるいは平等を目指す民主的な市民となるかもしれない。ダソンがいつもインディアンごっこをしている点は、「インディアンごっこはアメリカ白人の精神性を体現したものである一方、他者を虐殺した残忍な歴史の隠喩」でもあり得るという解釈を可能にする。だが、ダソンは「匂い」を嗅いで区別はしても、それをすぐ差別へと変化させる人間にはならないかもしれない。匂いを発するギジョンの膝に座って絵を見るシーンが頻繁に登場することで、観客は彼が父の階級主義をそのまま相続しているわけではないというひと握りの可能性を目にする。

身分制を擁護するのは誰か

映画は、新自由主義が全世界的に浸透して以降の両極化した階級

社会の物理、認知、感情それぞれの状態が結局は破局に帰結することを示す。破局は速度、緊迫感、感覚性を搾取のリソースとする認知資本主義が平静化してゆく世界の終着地点であり、現在性でもある[9]。破局は今、認知の問題よりも自然になった本能の姿として現れる。他者に対する嫌悪は匂い、湿っぽさ、疎ましさなど身体化した感覚として強固なものとなり、理性的な判断を超越する。「私は彼の貧困や人格を無視しているのではなく、ただ匂いを避けたいだけだ」というパク社長の主張は、レイシズムと同等の階級的優越感を正当化する。しかし、パク社長の優越主義は観客や評論家に強い説得力を与える。『パラサイト』に関する評論の多くは、階級の不平等や上昇不可能性、固定化がどのように人格形成に影響するかを扱っている。貧困を見世物にしている、あるいは貧困ポルノであるという批判も受けたが、一部の評論家までもが貧困嫌悪を露わにする場合がある。「『パラサイト』に出てくる（ギテク）一家には、道徳的な規範や目標という概念がない[10]」だとか、「彼らには道徳や倫理の概念がまったくなく、ペテンによる偽善と欺瞞が堂々と成功したと誇らしげにする[11]」などといった具合にである。ギウとギジョンは、「公正」を最高の価値と見なす韓国社会において学歴を詐称して利益を貪った人物である。そればかりか、ギジョンは働き口を奪うために下着を車に脱ぎ捨てて前任の運転手を追い出し、桃の粉末を家政婦ムングァンの頭に振りかけて追い出す。半地下、カマドウマ、ゴキブリ、立ち小便、溢れかえるトイレ、消毒車の防疫の煙で構成されたギテクの家は、醜さそのものを表象する。したがって、そこに暮らす人たちもまた不道徳な人間であるはずだという確信を引き出す。それに比べ、パク社長の家の衛生的で華やかで美学的な小道具は見る者の「羨望」と「熱望」を煽り、パク社長夫婦の道徳的優位と純粋さをあたかも真実であるかのように承認する。パク社

長夫婦は「純粋」あるいは「純真」な存在として表象される[13]。ヨンギョとダヘが騙されやすい理由は、2人が純粋で優しくひねくれていないせいだと説得する。評論家さえそうした階級の特権的な道徳観を擁護する。金がないことは貧しい人を狡猾にし、裕福さは人を善良にするという二分法も、やはり既得権のイデオロギーであり階級主義の表現である。映画『パラサイト』のテーマは階級の両極化だが、観客や批評家は支配階級の趣向に同意して彼らの言説や判断、成功を優れたものとして承認する傾向を示す。上流階級の文化戦略は『パラサイト』によって改めて承認され、社会的な同意を得たと言えるだろう。ヨンギョが純真な人物ではないことは、夫のパク社長に「ドラッグを買って」と自然に言ったり「信頼のベルト」を強調したりするところに現れている。パク社長とヨンギョも、上流階級のライフスタイルを作り出すために戦略、ペテン、違法行為、麻薬や性売買などを行う不道徳な戦略家になり得るのだ。

線を越える女性

『パラサイト』をフェミニズムの観点で分析したソン・ヒジョンは、「ポン・ジュノの想像力は常に暴力の美化に結びつきやすく、女性の登場人物を急に消滅させるやり方に帰結する」と批判する[14]。イ・キョンヒも『パラサイト』に登場する女性が「経済的な階級に関係なく、みな家族という私的領域から脱け出せずに伝統的な性役割を担い、夫に従属した自我を示す」と批評する[15]。しかし、本稿で注目したいのは、女性の登場人物がいかに伝統的なやり方で再現されているかという観点ではない。『パラサイト』に登場する3人の女性は、専業主婦あるいは家政婦として衣食住とケア労働を受け持つが、受動的だったり運任せだったりするわけではない。見知らぬ

人と交流し、何かを計画し、絶えず交渉を試みる。3人の間には、男性の場合のような絶対に越えてはならない「線」が存在しない。

　執事のムングァンと夫のグンセ、ギテク一家、パク社長一家が相互侵入や違反、依存関係を構成する上で、重要な役割を担うのは「女性」である。3家族間の経済格差が埋まることは考え難いが、情報・文化・感覚は既に共有され重なり合っており、先取りや剥奪、擬態が可能だ。

　一例として、パク社長が構築してきた強固な境界がその内部でいかにかき消されているかを見てみよう。パク社長の夫人ヨンギョは「信頼のベルト」を強調する一方で、他者が提供する情報や解決策、好意に対して常にオープンである。彼女は、大学生の家庭教師とカウンセラーの役割を兼ねるいわゆる高学歴者の言うことをよく聞き、自分の役割や態度を変化させる。家政婦を交替させる必要があると提案するギテクの言葉を信頼して行動を取るのもヨンギョだ。より積極的な形での境界の攪乱は、娘のダヘによって起きる。ダヘは、男性家庭教師のミニョクやギウと性的に親密な関係となる。上流階級の娘であるダヘは、大学生の男性家庭教師を退屈な受験勉強から逃れるための恋愛の代用品に選ぶのだ。上流階級の少女のセクシュアリティは純真と純粋が前提となっているが、ダヘはもうずっと前からその境界を越えている。線を越えてはならない被雇用者との恋愛は、受験地獄から脱け出す日常の快楽でもあり、相変わらず息子を贔屓する両親に対する反感からくる行動である可能性もある。しかし、ダヘはギウを自分の家族に尊重されるポジションに置くために弟の誕生パーティーに招待し、常にケアする。

　ギジョンは上流階級の虚栄心と欲望を見抜いており、力を持っている。その狡猾さと騙しのテクニックを不道徳だと非難する評論が見過ごしているのは、ギジョンに学力はなくても情報や知識を選別

する感覚が備わっているという点だ。何より、彼女は他者をケアする術を知っている。浪人生でありながら、留学経験のある芸術療法士のふりをして自らの役割を果たす。学歴はなくても、インターネットや社会的なネットワークを通じて多種多様な知識と感覚を無料で入手できたのだ。ギジョンは既に、芸術的な感覚や達人の言説を「擬態」する段階に到達している。実際、息子のダソンを慰めて心の安定を与えるのはギジョンなのである。ダソンはギジョンの存在を通じて治癒し、ギジョンは重要人物としてダソンの誕生パーティーに招待される。ギウとギジョンは偽造とペテンによってパク社長の家に入り込んだが、2人は上流階級の子供たちと親密さと共感を分かち合う実行力を発揮する。

それに比べ、チュンスクとムングァンは今の時代を作った世代の女性として階級主義を内在化している。急激に没落した中産階級のチュンスクは、自身のポジションが固定したわけではなく上に行けるチャンスは常にあると信じている。そのため、ムングァン・グンセ夫婦とは別格のポジションにいると考える。イ・ドンジンは、チュンスクが「私は不遇の隣人ではない」という言葉で自分を別のポジションに置き、上流階級との信頼のベルトによって働き口を得てからは階級的な幻想を抱くようになり、（グンセ夫婦との）連帯を拒否していると分析する。そのため、ギテクやチュンスクは虚栄心を持つ存在であると解釈する。チュンスク自身も線引きの犠牲者だが、強力な境界を新たに作り出すことで階級主義を擁護し、強化する存在となる。そうした、媒介の役割を担いながら区切りをつけることもする階級意識は、チュンスクという女性キャラクターによってうまく表現される。ムングァンも「恵まれない人間同士助け合いましょう」という言葉でギテク一家に協力を持ちかけるが、相手が家族だとわかった途端にそれを武器にして制圧する。

チュンスクとムングァンという女性の登場人物の俗っぽさと年の功は、パク社長が代表する階級主義と「線」を容易く飛び越える。没落した中産階級の夫人であるチュンスクは、良い食べ物や食器などに関する卓越した感覚を既に獲得済みである。そのため、韓牛のサーロインをのせたチャパグリも慣れた手つきで素早く作れるのだ。チュンスクは、仰々しい階級格差の割にはパク社長家の味の好みや趣向がさして特別なものではないことを示している。ムングァンとチュンスクは、上流階級の象徴である食品、味覚、プレゼンテーション、間食、食器の選択といった繊細な感覚を必要とする日常を巧みに解決する。中産階級の座から転げ落ちたとはいえ、現在の階級格差を十分に横断できるほどの趣向と感覚を備えており、パク社長家の味の好みや美的趣向を決定づける存在なのだ。経験不足や過ち、気後れを許さない行為者としての性質は、２人を単なる「下人」として扱わせない老練ぶりと経験を表している。この２人の女性は、配偶者が見せる没落した男性の自己憐憫とはきわめて異なる堂々とした雰囲気を備えている。

　『パラサイト』の女性はみなケアを行う存在だ。その点において、この映画はやはり性差別的なシナリオの域を出ていない。だが、ケアが階級主義の線を越えられる感情と共感の領域にあることを表しているのも確かだ。階級の強固さを攪乱する複数の女性性は階級間を媒介・横断する流動的な存在であり、破局後の世界にわずかな解決策を提供する。彼女らは全員、擬態やカモフラージュ、偽善行為に加担して破局を招くが、倫理的に醜いとしてもケアによって破局を遅らせることができる可能性を示す。『パラサイト』に登場するのは、典型的で同質なカテゴリーに属した女性ではなく、階級別に分かれてラベルを付けられた女性である。彼女らが表現する「複数の女性性」は、既存の穢れと純粋さ、美醜の境界を揺るがす。人間

はみな可能性、潜在能力、日和見主義、敗北主義という複雑な生の構造の中に置かれた存在だ。そのため、完全な異質性というものは存在しない。3家族は特定の誰かが他の誰かに寄生しているのではなく、仲裁されたり重なったりしながら相互に寄生する共生関係にある。だが、その共生は完全に平和な未来志向のものではない。脅威や違反が継続的に発生するが、同時に好奇心、繋がり、ケアなども存在する。男性中心主義や階級主義という同一性の反復は、社会を破局へと追い立てる。階級の横断によって破局を遅らせる女性の主体の複数性（pluralites）は、『パラサイト』を解釈する1つの軸として作動し得る。

おわりに

　『パラサイト』は、新自由主義的資本主義がミクロレベルにおいて人間関係の倫理と他者に対する感覚をどのように変化させるかをよく表している。強固で広範囲な中産階級を中心に進行した民主化、そして民主市民という名の「共同体の幻想」はもはや不可能であるように思える。二分法や敵対、対立構造は、接続や媒介、連帯、移動といった人類が蓄積してきた社会的な価値を無駄にしてしまう。生活そのものが「投機」の対象となった現実の中で、次第により多くの人間がある日突然階層の「没落」を経験することになる。不安定な雇用と予測不可能な災害に無防備な状態で晒される人たちにとって、生活はまさに「生死を分ける」問題となる。そうした社会的不安が加速すれば、特権や富で武装した上流階級の生活も生死の問題から逃れることはできない。上流階級の安全のためのイデオロギーである線引きは破局の原因でもあり、彼らが線を引けば引くほど人間に対する礼儀はどこかへ消えてしまう。また、上流階

級と「下人階級」の葛藤もそれに劣らず、２つの下人一家間の働き口を巡って巻き起こる競争は破局を手繰り寄せる。

「人間はお互い生涯にわたって贈り物をし合う（助け合う）存在であり、共同体への志向を持っている」という認識は、階級の区分を超越する。本稿は、『パラサイト』に登場する男性の家父長的な階級主義と女性の「世渡り」あるいは「生き残り」の方法を比較分析することで、階級とジェンダーが交差する観点で映画を読み解いた。資本と男性が中心となって繰り返される同一性の論理は、複数性（pluralities）を表象する女性たちの日常や生存と対照を成している。女性が生き抜く実践のあり方は、決して希望に満ちていたり、代わりになるような倫理を提供してくれたりするわけではない。しかし、ケアや媒介、繋がり、開放性を備えた関係の倫理によって、破局後の生活が美学的な性質を帯びることを想像させてはくれる。少なくとも女性は、雇用主が雇用人を完全に「下人化」できないことを知っている。両者の関係は労働力の売買という契約関係に過ぎず、雇用主が雇用人の人格や感情を所有するわけではない。匂いが排除の形でのみ作動するとは限らないことは、ダヘが主導するギウとの性的親密性によって証明される。パク社長が自分の家や自動車に染みついた人の匂いを疎ましく思う点は、彼には広場に出る資格があるのかという問いを生む。民主市民の団結の場である広場や公園は、多種多様な匂いに満ちているからだ。苦境にある者同士の憐れみ、容認、黙認、寛大さは、民主的な場を作り出す社会的行動力だ。パク社長は、そうした能力が欠如した新富裕層の人間である。いわば、見知らぬ他人と見なした人たちに「顔」や「形」を与えることが破局を防ぐ道となる。生活の美学化や民主主義は、きらびやかな資本主義の見世物にはなり得ない倫理の領域を含んでいる。「さっき地下にいた人たちはどうなった？」というギジョンの問い

は、生半可な階級的連帯や共通意識の表現ではなく、他者の立場や状況を案じて関係を結ぶことができるケアの能力を持つことの表れである。ギジョンは破局に加担する存在であり生贄となる犠牲者でもあったが、破局までの猶予はギジョンのエピソードによって生じたとも言える。階級制の強固なシステムばかりを強調するのは、階級の横断や相互透射性に着目しないことでそのヒエラルキーや権威を支持することになる。階級の構成にはさらに複雑な行為者としての人間が関わってくる。世代や性、グローバル社会の想像力によってますます細分化される階級社会において、階級の問題はよりダイナミックに分析されるべきだ。破局に向かってひた走る人間の醜さと破局を猶予する行動力は、匂いによる侮辱を階級構造に基づいて正当化するパク社長の感覚とギジョンの問いの間のどこかに位置する。『パラサイト』は階級の不平等をきらびやかに並べ立てることで観客の社会的な感覚を引き上げたが、結局はギジョンを死なせ、中身のない家父長的な繋がりで幕を下ろすことで「可能性」の領域を閉ざしてしまった。

註

(1) 이동진〔イ・ドンジン〕,《이동진이 말하는 봉준호의 세계〔イ・ドンジンが語るポン・ジュノの世界〕》, 위즈덤하우스, 2020, 147 쪽.

(2) 한송희〔ハン・ソンヒ〕,〈가난 재현의 정치학 : 영화 '기생충'을 중심으로〔貧困再現の政治学 : 映画『パラサイト』を中心に〕〉,《언론과 사회〔言論と社会〕》28(1), 2020, 7 쪽.

(3) ホモ・サケル (Homo-Sacer) とはローマ時代に登場した「殺害は可能だが犠牲にできない」人間を意味する。イタリアの哲学者ジョルジョ・アガンベンは、近代の生命政治を批判するためホモ・サケルの概念を使用する。ホモ・サケルは収容所に閉じ込められた存在のように社会から排除され、徹底して「丸裸の生命」に転落した存在を意味する。

(4) Sassen, Saskia, 1998, *Globalization and Its Discontents*, New York: The New

Press.〔サスキア・サッセン『グローバル空間の政治経済学──都市・移民・情報化』田淵太一他訳、岩波書店、2004 年〕

(5) 이동진〔イ・ドンジン〕,《이동진이 말하는 봉준호의 세계〔イ・ドンジンが語るポン・ジュノの世界〕》, 위즈덤하우스, 2020, 15 쪽.

(6) 호미 바바 지음, 나병철 옮김,《문화의 위치 : 탈식민주의 문화이론》, 소명출판, 2002, 178-179 쪽.〔ホミ・K・バーバ『文化の場所〈新装版〉──ポストコロニアリズムの位相』本橋哲也他訳、法政大学出版局、2012 年、148 頁〕

(7) 호미 바바 지음, 나병철 옮김,《문화의 위치 : 탈식민주의 문화이론》, 소명출판, 2002, 181 쪽.〔ホミ・K・バーバ『文化の場所〈新装版〉──ポストコロニアリズムの位相』本橋哲也他訳、法政大学出版局、2012 年、151 頁〕

(8) 황진미〔ファン・ジンミ〕,〈봉준호의 "가장 완벽한 계획 " : "로컬 " 이라는 미끼로 미국을 낚은 ' 기생충 '〔ポン・ジュノの「最も完璧な計画」──「ローカル」という餌でアメリカを釣った『パラサイト』〉,《한겨레 21〔ハンギョレ21〕》1300 호, 2020 년 2 월 14 일.

(9)김소영〔キム・ソヨン〕,《파국의 지도〔破局の地図〕》, 현실문화, 2014.

(10) 한송희〔ハン・ソンヒ〕,〈가난 재현의 정치학 : 영화 ' 기생충 ' 을 중심으로〔貧困再現の政治学──映画『パラサイト』を中心に〕〉,《언론과 사회〔言論と社会〕》28(1), 2020, 5-50 쪽.

(11) 육정학〔ユク・ジョンハク〕,〈영화 ' 기생충 ' 을 통해 본 가족과 사회〔映画『パラサイト』を通じて見た家族と社会〕〉,《한국엔터테인먼트산업학회 논문지〔韓国エンターテイメント産業論文誌〕》14(5), 2020, 38 쪽.

(12) 육정학〔ユク・ジョンハク〕,〈영화 ' 기생충 ' 을 통해 본 가족과 사회〔映画『パラサイト』を通じて見た家族と社会〕〉,《한국엔터테인먼트산업학회 논문지〔韓国エンターテイメント産業論文誌〕》14(5), 2020, 43 쪽.

(13) 손성우〔ソン・ソンウ〕,〈영화 ' 기생충 ' 의 욕망의 자리와 환상의 윤리〔映画『パラサイト』の欲望のありかと幻想の倫理〕〉,《영화연구〔映画研究〕》81, 2019, 89-122 쪽.

(14) 손희정〔ソン・ヒジョン〕,〈봉준호의 영화들에서 보여진 여성 이미지 재현의 문제에 대해 : ' 기생충 ' 을 중심으로〔ポン・ジュノの映画作品に見られる女性イメージ再現の問題について──『パラサイト』を中心に〕〉,《씨네 21〔シネ21〕》1210, 2019.

⒂ 이경희〔イ・キョンヒ〕,〈영화 '기생충': 여성 이미지의 재현에 대한 불편함〔映画『パラサイト』──女性イメージの再現に対する居心地の悪さ〕〉,《기생충〔パラサイト〕》, 연극과 인간, 2020, 74-91 쪽.

訳者あとがき

　本書は、2021 年に韓国の人文・社会系出版社である西海文集〈ソ ヘ ムンチプ〉から出版された『일곱 시선으로 들여다본 〈기생충〉의 미학』の完訳である。プロローグで説明される通り「アジアの美探検隊」による「Asian beauty 探索プロジェクト」シリーズの 4 作目に当たり、同シリーズの日本語への翻訳は今回が初めてだ。各人の専門領域でテーマを掘り下げる研究者グループ「アジアの美探検隊」は、著作ごとにメンバーの入れ替わりが多少あるものの、映像文化論のカン・テウンとデザイン論のチェ・キョンウォンの 2 名は常に名を連ねている。同シリーズの現時点での最新刊は『災難と感受性の変化』（西海文集、2023 年 2 月刊）で、こちらはアジア史における災難、危機と美の関係を探った内容となっている。同じシリーズの中に、「水」「人間」「外から見たアジア」「災難」といった大きなカテゴリーと同等の扱いで『パラサイト』という具体的な作品名が並ぶ。その事実が、この映画が与えたインパクトの大きさ、そして掘り下げるべき要素の豊富さをよく表している。なお、『パラサイト 半地下の家族』については本書冒頭の「映画概要」（6 頁）を参照してほしい。

　本書で最初に研究対象となるのが「チャパグリ」（インスタント麺の「チャパゲティ」と「ノグリ」を混ぜて食べる B 級グルメ）なのは象徴的だ。『パラサイト』の内容で最も記憶に残っているのはチャパグリだ、という人も多いのではないだろうか。名称がハイコンテクス

トであるがゆえに日本語字幕では「ジャージャー・ラーメン」と翻訳されていたが、声に出したくなる響きの良さもあってか元の名称「チャパグリ」が瞬時に広まった。韓国食品販売店でチャパゲティとノグリが急激に売上を伸ばし（セット販売もよく見かけた）、牛肉をトッピングしたチャパグリを記念メニューとして提供する飲食店もあった。後に、チャパゲティとノグリの製造販売元である農心（ノンシン）が２つを合体させた「チャパグリ」を商品化するまでに至る。当初、日本では牛肉をのせるレシピがチャパグリの前提であるかのように受け取られ、『パラサイト』の中で「高級な牛肉をトッピングする」行為が皮肉なメタファーだという点は置き去りになっていたように思う。そのあからさまなメタファー以外にも、１章では映画に登場する食べ物全体に関する言葉や象徴性、プロット上の役割、映画の系譜、果てはポン・ジュノ監督の血縁関係に至るまで、広く深い論考が展開される。この章を読むだけでお腹いっぱいになりそうだが、その後もチャパグリはたびたび登場する。中でも、『パラサイト』が現実に及ぼした一番の影響は韓牛のせチャパグリという「消費財」だった、との指摘（５章）には首肯することしきりである。

　２〜４章では、ポン・ジュノ監督の持ち味であるディテール（「ポンテール」と呼ばれる）を事細かに検証する。映画の公開以降、日本でもオンラインや出版物を通じてさまざまな分析がなされたが、何年も経った今こうしてデザイン・社会人類学・美術史の各領域の専門家による論考を読むと、その奥深さに改めて驚かされる。ポン・ジュノの映画監督としてのルーツについては、Netflix のドキュメンタリー『ノランムン』（https://www.netflix.com/title/81636490）で当人たちによる回想を聞くことができるので、そちらもお薦めしておきたい。

　続く５章では、『パラサイト』の観客と BTS のファンダムを並べ

て論じる。これは、従来の解釈とは一線を画す新鮮な切り口と言えるだろう。先ほど触れたチャパグリの受容のあり方も含め、社会問題を扱う映画を鑑賞した観客が「消費」によって問題提起を封印してしまう態度を、大衆音楽のファンダムに見られる対照的な実践の例と比較して批判する。映画をさまざまな文化的側面から論じてきた前章までの流れに、テクスト分析に終始することへの批判的なまなざしが加わり、本書はより立体的な性質を帯びる。いわば「ゲームチェンジャー」に当たる章である。なお、映画が現実に与えた影響として、貧困層の地区として描かれるロケ地をソウル市が観光コースに指定し、それに現地の住民が不快感を示して問題となった例もある（https://www.hani.co.kr/arti/society/society_general/928295.html）。同地域に対する支援策を打ち出したようだが、「貧困の消費」に加担するような動きがあったことは記憶しておくべきだろう。

　6章では、ポン・ジュノ監督本人がリスペクトを公言してやまないキム・ギヨン監督の『下女』をはじめ、映画の系譜の中に『パラサイト』を位置づけて物語の類型を探る。外から見たアジアの家族観が浮かび上がったところで、ジェンダーの観点から『パラサイト』に影を落とす家父長制を論じる7章に繋がる流れがスムーズだ。作品世界において性役割がいかに図式化されているかを明らかにし、その中で「線を越えて」行動する女性像に注目する。階級社会という大きなテーマに偏ることで見過ごされがちな部分を指摘し、『パラサイト』の限界を示すとともに読者に内省を促す終わり方となっている。これは、5章で言及された内容とあわせて示唆的である。

　最後に、触れておかねばならないことがある。2023年12月27日、『パラサイト』でパク社長を演じた俳優イ・ソンギュン氏がソウル市内の公園に停まった車の中から遺体で発見された件について

だ。イ・ソンギュン氏は違法薬物使用の疑いで仁川警察庁の事情
聴取を受け、容疑を否認していた。内偵捜査中に名前がリークさ
れ、警察に出頭する模様がリアルタイムで報道された。メディアや
ネット上では誹謗中傷が飛び交い、その余波で2023年10月より
開催されたロッテシネマの特別上映のラインナップから『パラサ
イト』が除外された。4回の薬物検査（精密検査含む）で陽性反応
が出なかったにもかかわらず警察による取り調べが再開し、その数
日後にイ・ソンギュン氏は自ら命を絶ってしまう。翌年の2024年
1月12日、ポン・ジュノ監督はじめ俳優や文化芸術関係者による
「文化芸術人連帯会議（仮）」が記者会見を行い、連名で声明を発表
した。声明は、警察の捜査過程およびメディアの対応に問題がな
かったか真相の究明を求め、再発防止策の必要性を訴えるものだっ
た。個人的に、亡くなった事実を報じる際に命を絶った方法まで記
すメディアがあったことにも強い抵抗を感じた。報道ガイドライン
（https://www.mhlw.go.jp/content/000526937.pdf）があるにもかかわら
ず、それが遵守されないのは日本でもしばしば目にするところだ。
故人への哀悼の意を表するとともに、あらゆる人の人権が尊重さ
れ、安全性が確保されることを望む。

廣岡孝弥

〈執筆者紹介〉

カン・テウン

光云大学校北東アジア文化産業学部教授。日本映像文化論、表象文化論専攻。主な著書に『戦後日本の保守と表象』(共著、2010)、『キーワードで読む東アジア』（共著、2011）、『日本映画のラディカルな意志』（訳書、2011）、『日本と東アジア』（共著、2011）、『神風特攻隊から宇宙戦艦ヤマトまで』（共著、2012）、『複眼の映像——私と黒澤明』（訳書、2012）、『3・11東日本大震災と日本』（共著、2012）、『日本大衆文化論』（共著、2014）、『戦う美術——アジア太平洋戦争と日本美術』（共著、2015）、『かくも近い日本』（2016）、『美しい人』（共著、2018）、『化粧の日本史』（訳書、2019）、『揺れる共同体、再発見する日本』（共著、2019）、『外から見たアジア、美』（共著、2020）がある。

ヤン・セウク

仁済大学校国際語文学部、融合文化芸術学協同過程教授。言語学、中国学、文化芸術学専攻。主な著書に『チャジャン麺伝—— 一世を風靡した黒い中毒の文化史』（2009）、『韓国文化は中国文化の亜流なのか』（共著、2010）、『文化面面観』（共著、2011）、『中国語の秘密』（共著、2012）、『ラーメンがなかったなら』（共著、2013）、『近代翻訳と東アジア』（共著、2015）、『近代移行期 東アジアの自国語認識と自国語学の成立』（共著、2015）、『21世紀青少年人文学——青少年がもっと知るべき教養の話』（共著、2017）、『韓国・朝鮮の美を読む』（共著、2021）がある。

チェ・キョンウォン

成均館大学校デザイン学部兼任教授。産業デザイン専攻。主な著書に『GOOD DESIGN』（2004）、『赤のベルサーチ、グレーのアルマーニ』（2007）、『ル・コルビュジェ対安藤忠雄』（2007）、『OH MY STYLE』（2010）、『デザイン 読む CEO』（2011）、『Great Designer 10』（2013）、『アレッサンドロ・メンディーニ』（2013）、『（私たちが知っている）韓国文化を捨てる』（2013）、『美しい人』（共著、2018）、『外から見たアジア、美』（共著、2020）がある。

キム・ヨンフン

梨花女子大学校韓国学科教授。社会人類学専攻。主な著書と論
文に『文化と映像』(2002)、『初めて出会う文化人類学』(共著、
2002)、「National Geographic が見たコリア――1890 年以降の
視線の変化と意味」(『韓国文化研究』2006)、「韓国の美をめぐる
談論の特性と意味」(『韓国文化人類学』2007)、「2000 年以降の
観光広報映像に見られる韓国のイメージ研究」(『韓国文化人類学』
2011)、『韓国人の作法』(2011)、『Understanding Contemporary
Korean Culture』(2011)、『From Dolmen Tombs to Heavenly
Gate』(2013)、『美しい人』(共著、2018)、『外から見たアジア、美』
(共著、2020)、『美しさを感じる』(2020) などがある。

チャン・ジンソン

ソウル大学校考古美術史学科教授。韓国および中国開化史専攻。主
な著書と論文に『檀園 金弘道――大衆の誤解と歴史の真実』(2020)、
『Landscapes Clear and Radiant: The Art of Wang Hui, 1632–1717』
(共著、2008)、『Art of the Korean Renaissance, 1400–1600』(共著、
2009)、『Diamond Mountains: Travel and Nostalgia in Korean Art』(共
著、2018)、『外から見たアジア、美』(共著、2020)、『画家の日常
――伝統時代中国の芸術家たちはどのように生活して作品を作って
いたか』(訳書、2019)、「傷懐の風景――項聖謨(1597 ～ 1658)
と明清転換期」(『美術史と視覚文化』27、2021)、「伝 安堅 筆〈雪
天圖〉と朝鮮初期の浙派画風の受容様相」(『美術史と視覚文化』
24、2019) がある。

チェ・ギスク

延世大学校国学研究院教授。韓国古典文学・韓国学専攻。主な論
文と著書に「話すということ、いわゆる‘曰く’を巡る韓国小説享
有層の意思疎通理解」(『東方學志』、2021)、「〈黙齋日記〉、17 世
紀の両班の感情記録に関する文学／文化的省察」(『国語国文学』、
2020)、「呂琮と由模――17 ～ 19 世紀の士大夫の記録から」(『国
語 国 文 学 』、2017)、『Impagination』(共 著、2021)、『Classic
Korean Tales with Copmmentaries』(2018)、『集體情感的譜系：

東亞的集體情感和文化政治』（共著、2018）、『美しい人』（共著、2018）、『Bonjour Pansori!』（共著、2017）、『処女鬼神』（2011）などがある。

キム・ヒョンミ

延世大学校文化人類学科教授。主な研究分野はジェンダーの政治経済学、労働、移住者と難民、生態問題。主な著書に『グローバル時代の文化翻訳』（2005）、『わたしたちはみな家を出る──韓国で移住者として生きること』（2014）、『フェミニスト・ライフスタイル』（2021）、『誰もが少し見慣れない人々』（共著、2013）、『ジェンダーと社会』（共著、2014）、『コロナ時代のフェミニズム』（共著、2020）、『難民、難民化する生』（共著、2020）などがある。

〈訳者紹介〉
廣岡孝弥（ひろおか たかや）

1981年、富山県生まれ。リトルプレスの制作やサポート業に従事。オープンダイアローグ・ネットワーク・ジャパン正会員。2021年、第5回「日本語で読みたい韓国の本　翻訳コンクール」にて最優秀賞受賞。訳書にファン・モガ『モーメント・アーケード』（クオン、2022年）、同『生まれつきの時間』（inch media、2023年）。

『パラサイト 半地下の家族』を見る7つの視線

クオン人文・社会シリーズ 12

2024年4月25日　初版第1刷発行

著者	アジアの美探検隊
翻訳	廣岡孝弥
編集	アサノタカオ
発行人	永田金司　金承福
発行所	株式会社クオン
	〒101-0051　東京都千代田区神田神保町1-7-3 三光堂ビル3F
	電話：03-5244-5426／Fax：03-5244-5428
装幀	gocoro 松岡里美
組版	菅原政美
印刷	大盛印刷株式会社

URL https://cuon.jp/
ISBN 978-4-910214-61-0 C0074